Dr. Michael Lohmann, geboren 1933 in Berlin, wuchs in Oberbayern auf. Nach dem Abitur an der Waldorfschule Stuttgart machte er eine Buchhändlerlehre und studierte Biologie und Chemie in München. Nach Forschungsjahren in den USA kehrte er nach Deutschland zurück, wo er Umweltbücher herausgab, mit Behinderten arbeitete und als Sachbuchautor und Journalist tätig ist. Michael Lohmann lebt heute wieder im Chiemgau, der Landschaft seiner Kindheit.

Gunter Steinbach, geb. 1938, war nach seinem Studium in Hamburg 15 Jahre in Verlagen tätig und bewirtschaftet seit 1978 seinen Grünland- und Gartenhof im Westallgäu. Er ist Autor oder Herausgeber zahlreicher Bücher im Bereich Natur und biologischer Gartenbau. Er gründete 1985 die Aktion Ameise und gehört dem Naturschutzbeirat seines Landkreises an.

Mit 1 Vorsatzzeichnung, 1 Vignette (S. 2) und 73 Bestimmungszeichnungen (Abb. 16, 24, 25 und S. 26–29) von Marianne Golte-Bechtle, 12 Zeichnungen von Johannes-Christian Rost (Abb. 5, 7, 10, 15, 26, 27, 32, 33, 34, 35, 36, 37) und 1 Zeichnung von Fritz Wendler (Abb. 6). Mit 26 Farbfotos von Michael Lohmann (S. 3 u. l., S. 4/5, Abb. 1, 2, 9, 14, 17, 19, 20, 21, 23, 29), Bertram Münker (Abb. 28), Richard Podloucky (31), Tierfoto Reinhard (Abb. 4, 13), Gunter Steinbach (S. 3 o. l., Abb. 8, 11, 12, 18, 22a/b) und Joh. Zimmermann (S. 3 u. r., Abb. 3, 30).

Umschlaggestaltung von Theodor Bayer-Eynck, Berlin, unter Verwendung eines Fotos von Peter Pretscher.

Layout-Konzept: Creativ GmbH, Ulrich Kolb, Leutenbach.

CIP-Titelaufnahme der Deutschen Bibliothek

Wir tun was ... für naturnahe Gärten / Michael Lohmann. Hrsg. von Gunter Steinbach. - Stuttgart : Franckh-Kosmos, 1991
(Wir tun was) (Ein Buch der Aktion Ameise)
ISBN 3-440-06097-7
NE: Lohmann, Michael; Steinbach, Gunter [Hrsg.]

Diesem Buch liegen die Texte des Buches „Wir tun was für mehr Natur im Garten“ von Dr. Michael Lohmann (erschienen im Franz Schneider Verlag, München 1986) zugrunde. Sie wurden für das hier vorliegende Buch vom Autor überarbeitet und ergänzt.

ISBN 3-440-06097-7
Lektorat: Almuth Sieben
Herstellung: Heiderose Stetter
Printed in Belgien/Imprimé en Belgique
Satz: G. Müller, Heilbronn
Druck und buchbinderische Verarbeitung: Fabrieken BREPOLS n.V., Turnhout

Zu den Abb. auf Seite 2–5:
S. 2 – Schmetterling an Zaunwinde und Sommerflieder (Buddleia).

S. 3 o. – Im naturnahen Garten darf auch die Rhabarberpflanze einen Fruchtstand entwickeln.

S. 3 u. li. – Zierblumen haben ihren berechtigten Platz im naturnahen Garten. Aber ein bißchen Unordnung gehört dazu.

S. 3 u. re. – Das Rotkehlchen gehört zu den vertrauten Gartentieren und ist ein eifriger Insektenjäger. Es braucht aber dichtes Gebüsch und verrottendes Fallaub.

S. 4/5 – Blumenrasen mit Margeriten und Lichtnelken.

kosmos

MICHAEL LOHMANN

Wir tun was ...

FÜR NATURNAHE

Gärten

Herausgegeben von GUNTER STEINBACH

FRANCKH-KOSMOS

Zum Buch

Von den 60 000 Tonnen Gift, die in Form von chemisch wirkenden „Pflanzenschutzmitteln“ nach einer Rechnung des Bundes für Umwelt und Naturschutz Deutschland (BUND) jährlich auf unsere Äcker und Gärten verspritzt werden, gelangt ein ungerechtfertigt hoher Anteil in die Hausgärten. Die Kleingärtner des Landes Baden-Württemberg mußten sich ab Ende 1990 einer Ergänzung des Pflanzenschutzgesetzes fügen, nach der sie nur noch in Ausnahmefällen giftige Mittel im Garten einsetzen dürfen. Vielleicht folgen andere Bundesländer diesem Beispiel. Vielleicht – und das wäre weit wichtiger – schreitet das Verständnis für naturfreundliches Gärtnern und naturnahe Gartengestaltung bei den nach Millionen zählenden Kleingärtnern des geeinten Deutschlands so weit fort, daß zwischen den Meeren im Norden und den Alpen im Süden ein grünes Netzwerk privater Öko-Inseln entsteht. Als Fläche zusammengenommen, übertreffen die Gärten Deutschlands unsere Naturschutzgebiete. Diese privaten Kleinbiotope könnten keine heimische Tierart vor dem Aussterben retten, aber unzähligen Einzeltieren und Wildpflanzen Lebensraum bieten: Schmetterlingen, Eidechsen, Kröten, Vögeln, Igeln und vielen Kräutern oder Gehölzen aus der unfreien Natur unserer Umgebung. Die meisten Hobbygärtner sehen sich als Naturfreunde, aber viele von ihnen tun des Schlechten zuviel: Sie zwingen ihre Vorstellung von Ordnung, von Nützlingen und Schädlingen, von gepflegt und sauber ihrem Garten und seinen Lebensgemeinschaften auf. Dieses Buch eines Biologen und Gartenpraktikers will euch ermutigen, in vielen Einzelschritten mehr Natur in den Garten zu bringen. Jeder kann vor seiner Haustür beginnen.

Gunter Steinbach

Inhalt

Gartenordnung 6
Ökosysteme in Menschenhand 7

Tiere im Garten 8
Nahrungsketten 9
Was kriecht, fliegt und krabbelt da? 10
Die Nahrungspyramide 11

Lebensraum Garten 12
Gärtnern ohne Gift 14
Hügel und Mulden 14
Steine und Mauern 15
Wildstauden im Garten 16
Kompost 17
Zeigerpflanzen 18
Die Blumenwiese 20
Sand und Kies 23
Heilkräuter und Wildgemüse 24
Gartenhecken 26
Reisighaufen 29
Wasser 30
Wohnungsbau für Wildtiere 33

Aktion Ameise – was ist das? 36

Register, Literatur, Adressen 37

Garten-ordnung

Gärten waren immer Abgrenzungen gegen die Natur. Unser Wort Garten hat etwas mit umgürten und umzäunen zu tun. Im Garten hegt man ja nur ganz bestimmte Pflanzen, Nutz-und Zierpflanzen. Und die mußte und muß man gegen die Übermacht der meist robusteren Wildpflanzen schützen.

Deswegen hat eine gewisse Ordnung schon ihre Berechtigung - zumindest wenn wir es auf Obst, Gemüse, Küchenkräuter und besonders prächtige Blumen abgesehen haben. Im Extremfall eines gründlich gepflegten Nutz- oder Ziergartens wächst kein Kraut, kein Strauch, kein Baum allein nach den Gesetzen der Natur. Zumindest den Standort bestimmt der Mensch. Abgezirkelte Ziergärten und mit dem Lineal gezogene Gemüsebeete lassen den Willen des Gärtners erkennen.

Aber auch ein Naturgarten unterscheidet sich von bloßem Wildwuchs. Ist es da nicht widersinnig, von Natur im Garten zu spechen? Oder von Ökogärten?

Ökosysteme bestehen aus einem Lebensraum mit einer Lebensgemeinschaft. Nicht seine Größe, sondern seine Beschaffenheit entscheidet darüber, ob ein Stückchen Welt zum Lebensraum wird. Wenigstens zwei sich wesentlich unterscheidende Gruppen von Lebewesen tragen ein Ökosystem:

1. Pflanzen, die aus Licht, Luft, Wasser und Mineralien organische Stoffe erzeugen,

2. die Gemeinschaft von Kleinlebewesen im Boden, die alle organischen Abfallstoffe in ihre Grundbausteine Wasser, Mineralien und Kohlendioxid abbauen. Dieses Bodenleben setzt sich aus Bakterien, Pilzen, Einzellern, Faden- und Regenwürmern, Springschwänzen, Milben, Insekten, deren Larven und vielen anderen Lebewesen zusammen (Zersetzer).

Ein Ökosystem bildet also mehr oder weniger geschlossene Stoffkreisläufe. Schon eine Zimmerpflanze im Topf stellt ein Ökosystem dar, erst recht aber ein Garten, selbst wenn er nur aus einer geschorenen Rasenfläche mit ein paar Ziergehölzen besteht. Ihr würdet euch wundern, wie viele Lebewesen zum Vorschein kämen, wenn ihr ein spatenbreites Stück Rasen 20 cm tief ausstechen und seinen Boden mit dem Mikroskop untersuchen könntet! Wären es Hunderte oder Tausende von Lebewesen? Viele Millionen!

Nun findet ihr aber in einem gesunden Garten außer grünen Pflanzen, außer den Bodenorganismen im Mikrobereich, den verschiedensten Gliedertieren (Insekten, Asseln, Tausendfüßler, Spinnen) auch Würmer, Schnecken und Vögel, vielleicht Erdkröten, Eidechsen, Blindschleichen oder Wühlmäuse und andere Kleinsäuger. Wie artenreich dieses Ökosystem Garten ist, hängt von euch ab.

Bild 1: So ein superordentlicher Garten wird sich wohl niemals zu einer Naturoase entwickeln. Schon die Auswahl der Bäume und wie sie hier gepflanzt wurden, zeigt, daß dieser Gartenbesitzer wenig Naturverständnis hat.

Bild 2: Hohe Grundstückspreise und die Notwendigkeit einer landschaftsschonenden, dichten Bebauung lassen große Gärten mit viel Platz für Mensch und Natur als Luxus erscheinen.

Ökosysteme in Menschenhand

Gärten, Äcker, Wiesen und Wirtschaftswälder entwickeln sich als Kulturflächen nach dem Willen des Menschen – mehr oder weniger. Ohne die ständigen Eingriffe der Menschen sähen die Pflanzen- und Tiergesellschaften unserer mitteleuropäischen Lebensräume ganz anders aus. Indem wir einen Garten mit Beeten anlegen und diese zur Saat vorbereiten, schaffen wir Lebensbedingungen für Kulturpflanzen, hemmen gleichzeitig die Ansiedlung von Wildkräutern. Wenn wir den Rasen mähen, verhindern wir das Aufkommen von Hochstauden und Gehölzen. So gestalten und verändern wir die Pflanzendecke einer Landschaft im großen oder eines Gartens im kleinen.

In einem ungestörten Ökosystem (einem Urwald, einem Hochmoor, einer Hochgebirgslandschaft) sorgt das dicht gewebte Wirkungsgefüge der vielen Pflanzen- und Tierarten für bewegliche, aber sich selbst regelnde Verhältnisse. Im verarmten oder einseitigen Ökosystem des Kulturlandes, also auch des Gartens, kommt es leichter zu Störungen. Eine Mottenart, deren Larve in Äpfeln heranwächst, findet in einer Apfelplantage so paradiesische Bedingungen, daß sie sich massenhaft vermehren kann. Sie wird erst durch diese künstlichen Bedingungen zum Schädling. Der gewerbetreibende Obstgärtner bekämpft den Schädling mit Giften und bringt damit viele andere Insekten um, darunter die Feinde des Apfelwicklers. Die überlebenden Motten finden nun noch bessere Bedingungen, da ihre natürlichen Feinde fehlen. Sie können sich jetzt noch schneller vermehren. Der Mensch antwortet mit mehr Gift.

Im biologischen oder ökologischen Land- und Gartenbau sucht man solche Ungleichgewichte, die zu massenhaftem Schädlingsbefall führen, durch Maßnahmen wie Sortenwahl, Fruchtfolge, Mischkultur und organische Düngung, zu verhindern. Man duldet aber auch „Mitesser“ der naturnahen Lebensgemeinschaft innerhalb bestimmter Schadensschwellen.

Der kleine Unterschied:

Natürliche Lebensräume	Garten
fließende Übergänge;	umzäunt, übersichtlich, künstlich entstanden, braucht viel Pflege;
Rasen und Gebüsch, zeigen keine scharfe Grenze;	deutliche Beet- und Rasengrenzen;
auf dem Boden liegen Laub und totes Holz herum, Baumstümpfe, Dickicht;	geharkter, nackter, „unkraut“freier Boden;
viele Bodeninsekten, „Ungeziefer“;	Gift wird angewendet;
wildwachsende Kräuter, dichter Bewuchs, viele Verstecke, verwachsenes Gebüsch, Bäche und Tümpel.	ordentlicher Eindruck, lückenloser Terrassenbelag, geschnittene Hecke, aufgeräumter Eindruck.

Tiere im Garten

Bild 3: Der Marienkäfer gilt als Glücksbringer. Er und seine Larven sind im Garten besonders gern gesehen, weil sie große Mengen von Blattläusen vertilgen.

Die grünen Pflanzen bauen organische Stoffe (Biomasse) auf, etwa Blätter, Blüten, Früchte und Holz. Sie gelangen irgendwann auf und in den Boden, wo sie vom Bodenleben in ihre mineralischen Bausteine zerlegt werden. In dieser Form bilden sie Nahrung für die Pflanzenwurzeln: Der Kreislauf schließt sich. Die Natur bleibt nicht bei nackter Zweckmäßigkeit stehen. Sie findet nicht die kleinste Lösung für das Wunder Leben, sondern sucht die größte. Überall, wo Lebensbedingungen herrschen, entfaltet sie die denkbar formenreichste Fülle. Sie schenkt uns Wachstum, Bewegung, Schönheit auf Schritt und Tritt. Gewöhnen wir uns die dumme Frage vieler Erwachsenen ab: Warum gibt es Schnecken, Blattläuse oder Wühlmäuse? Wer so denkt, könnte auch fragen, warum gibt es Menschen? Solche Fragen führen ins Nichts. Vielmehr wollen wir verstehen lernen, welche Rolle die uns anvertrauten Geschöpfe im Naturhaushalt spielen; dann können wir zum Gleichgewicht der Arten beitragen. Das bedeutet sehr selten, daß wir Tiere direkt bekämpfen müssen; aber oft, daß wir Tierarten fördern und schützen.

Je eingehender ihr euch mit Pflanzen und Tieren beschäftigt, desto mehr wird euch auffallen, daß jeder Pflanzen- und Tierart bestimmte Aufgaben in ihrem jeweiligen Ökosystem zufallen. Der Garten ist dafür ein gutes Beobachtungsgebiet. Eine Pflanzenart erschließt mit tiefreichenden Wurzeln den Unterboden, eine andere mit flachstreichenden Faserwurzeln den Oberboden; die eine hat große Blätter, die noch mit den geringen Lichtmengen im Schatten eines Baumes auskommt, die andere dagegen verträgt mit kleinsten Blättchen auch pralle Sonne und Hitze.

Bei den Tieren geht die Aufgabenteilung noch weiter. Sie sind nicht nur auf die zahlreichen Bedingungen von Klima und Boden spezialisiert, sondern auch auf die große Zahl von Pflanzen und Tieren, von denen sie leben. Und so, wie unter den gleichen Klima- und Bodenbedingungen natürlicherweise immer viele Pflanzenarten leben, jede ein bißchen anders, so gibt es auch viele Möglichkeiten für ein Tier, sich von einer Pflanzenart zu ernähren. Bis zu tausend verschiedene Tierarten stellte man an und in einer einzigen Eiche fest! Die einen saugen Säfte, die anderen fressen Blätter, wieder andere haben sich auf Holz, Pollen oder Samen spezialisiert. Dazu kommen die vielen Arten, die sich nicht von der Pflanze selbst, sondern von den Tieren an der Pflanze ernähren.

Nun versteht ihr, warum es „nur" etwa 500 000 Pflanzenarten auf der Erde gibt (etwa 5000 in Mitteleuropa), aber mehrere Millionen Tierarten, davon etwa 45 000 in Deutschland. Jede Art erfüllt einen oft hochspezialisierten „Beruf" im Ökosystem. Die Vielfalt der Tierarten spiegelt die Vielfalt der Pflanzenarten, diese aber spiegeln die vielfältigen Lebensbedingungen der Erde wider.

Bild 4: Igel sind überall beliebt. Als Schneckenvertilger zählen sie zu den Nützlingen im Garten. Freilich fressen sie auch Regenwürmer und räumen Vogelnester in Bodennähe aus.

Nahrungsketten

Die Beziehungen zwischen den Organismen sind vielschichtig. Wenn ihr im einzelnen verfolgt, wer bei euch im Garten wen frißt, so stoßt ihr mitunter auf erstaunlich lange Nahrungsketten. Am Anfang solcher Ketten stehen immer Pflanzen, weil sie nur aus anorganischen Stoffen hochmolekulare organische Stoffe wie Stärke, Zucker, Eiweiß und Fett aufbauen können. Von Pflanzen ernähren sich die Pflanzenfresser und von ihnen wiederum die Fleischfresser.

Bild 5: Eine Nahrungskette im Garten: Blattläuse (1) saugen an Rosenblättern und werden von einer Florfliegenlarve (2) verspeist. Wenn diese sich zur Florfliege (3) entwickelt hat, fällt sie einer Kreuzspinne (4) zum Opfer. Die Spinne wird von einer Kohlmeise (5) gefressen, die wiederum von einer Katze (6) erwischt wird.

Aktionstip:
Kreuze in der Tierliste alle Gruppen an, von denen du einen oder mehrere Vertreter in einem (eurem) Garten gesehen hast. Versuche herauszufinden, ob es sich um Tierfresser, Pflanzenfresser oder Abfallfresser (Zersetzer) handelt.

Wenn ihr mehrere solcher Nahrungsketten betrachtet, kommt ihr darauf, daß sich die Ketten vielfach überkreuzen: Die Beziehungen zwischen den Organismen vernetzen sich. Hinzu kommt der Wettbewerb um Licht, Wasser und Platz. Das umfassende Beziehungsnetz eines Lebensraumes und seiner Bewohner stellt ein Ökosystem dar. Je engmaschiger dieses ökologische Netz durch Artenvielfalt geknüpft ist, desto elastischer kann es Störungen abfangen.

Was kriecht, fliegt und krabbelt da?

Diese Liste umreißt, welche mit freiem Auge sichtbaren Tiere im Garten gefunden werden können.

☐ **Rundwürmer:** Rädertierchen und Fadenwürmer (Älchen oder Nematoden), die oft in riesiger Zahl im Boden und in der Streu leben;

☐ **Weichtiere:** verschiedene Nackt- und Gehäuse-Schneckenarten (insgesamt in Deutschland rund 270 Arten);

☐ **Ringelwürmer:** vor allem verschiedene Regenwurmarten sowie Egel im Wasser;

☐ **Spinnen:** vielerlei Netz- und Jagdspinnenarten (insgesamt sind in Deutschland über 800 Arten nachgewiesen);

☐ **Milben:** von den über 2000 heimischen Arten leben auch viele im Garten; teils räuberisch, teils abfallfressend, teils parasitisch (so die Zecke), teils an Pflanzen (z. B. die Rote Spinnmilbe), einige Arten auch im Wasser lebend;

☐ **Weberknechte:** von den etwa 40 heimischen Arten leben die meisten im Wald; im Garten (und Haus) kommen einige teils räuberisch, teils von Abfällen (in der Bodenstreu) lebende Arten vor;

☐ **Krebse:** von den über 500 heimischen Arten leben nur wenige im Garten, z. B. Wasserflöhe, Hüpferlinge und Asseln;

☐ **Tausendfüßler:** von den nur etwa 50 heimischen Arten kommen einige recht häufig im Garten vor, so Steinkriecher, Saftkugler und Schnurfüßler; sie leben hauptsächlich von pflanzlichen Abfällen, im Boden, in der Streu, unter Steinen;

☐ **Urinsekten:** flügellose, oft winzige Tiere; zu ihnen gehören die im Boden oft massenhaft von Abfällen lebenden Springschwänze (eine weiße Art findet man auch in Blumentopferde) und die in feuchten Räumen lebenden Silberfischchen;

☐ **Eintagsfliegen:** in Mitteleuropa etwa 70 Arten, die alle als Larven im Süßwasser leben, auch in Gartenteichen; man erkennt sie an ihren dreifachen Hinterleibsanhängen;

☐ **Libellen:** von den 80 heimischen Libellenarten sind mehr als die Hälfte in ihren Beständen bedroht, weil die Gewässer, in denen sie ihre Larvenzeit verbringen, verschwinden oder verschmutzen; im Garten wird man nur einige häufigere Groß- und Kleinlibellenarten antreffen; alle Libellen leben räuberisch;

☐ **Heuschrecken und Grillen:** die etwa 80 heimischen Arten werden in Langfühler- oder Laubheuschrecken und in Kurzfühler- oder Feldheuschrecken unterteilt; in nicht zu oft gemähten Wiesen findet man vor allem Feldheuschrecken-Arten; zu den Laubheuschrecken gehören das mehr auf Gehölzen lebende Große Grüne Heupferd und die Feldgrille;

☐ **Ohrwürmer:** von den nur 7 heimischen Arten lebt zumindest der Gewöhnliche Ohrwurm in nahezu jedem Garten, er ernährt sich teilweise von Blattläusen und wird daher gefördert;

☐ **Wanzen:** rund 800 Arten in Deutschland, davon etwa 60, die im Wasser leben; die meisten Arten sind Pflanzensauger und fallen oft durch leuchtende Farben, Gestank und immer durch ihre charakteristische Körperform auf;

☐ **Zikaden:** rund 500 Arten gibt es in Mitteleuropa, bei uns fast nur Kleinzikaden, von denen die Schaumzikaden durch den von ihren Larven ausgeschiedenen „Kuckucksspeichel" besonders auffallen (z. B. Wiesenschaum- und Blutzikade);

☐ **Blatt- und Schildläuse:** über 1000 Arten in Mitteleuropa, davon in jedem Garten zumindest die Grüne Blattlaus (an Rosen und vielen anderen Pflanzen) und oft die schwarze Bohnenblattlaus; viele Arten müssen den Pflanzenwirt wechseln, bilden geflügelte und ungeflügelte Tiere aus, vermehren sich durch Jungfernzeugung und bringen lebende Junge zur Welt; Schildläuse sehen oft nur wie Höcker oder Pusteln auf den Zweigen von Gehölzen und Kräutern aus;

☐ **Blattwespen:** kleine, wespenähnliche Insekten, aber ohne Wespentaille; die Larven leben wie Schmetterlingsraupen von Blättern und biegen bei Gefahr ihren Körper in die Höhe;

☐ **Schlupfwespen:** als Larven parasitierende Hautflügler, oft metallisch bunt;

☐ **Ameisen:** von den 85 heimischen Arten findet man in den meisten Gärten zumindest die Schwarzgraue Weg- oder Rasenameise, oft auch die Gelbe Wiesenameise und die Schwarze Holzameise, an Gartenwegen und im Rasen legen sie ihre Erdbauten an;

☐ **Echte Wespen:** zu den Weg-, Grab- und Faltenwespen zählen in unserem Land über 400 Arten (davon 225 Grabwespen); am bekanntesten sind die sozialen Faltenwespen, die ihre Papiernester in hohlen Bäumen und Dachböden bauen, wie die Sächsische Wespe und die Hornisse; oder im Erdboden, wie die Deutsche Wespe;

☐ **Bienen:** in Deutschland gibt es 480 Wildbienenarten, einschließlich Hummeln; die meisten von ihnen leben nicht wie die Honigbiene und einige Hummeln in Gemeinschaften mit Arbeitsteilung; die Wildbienen spielen wie die Honigbienen eine wichtige Rolle bei der Blütenbestäubung;

☐ **Käfer:** eine riesige Gruppe mit über 5700 bekannten Arten in Deutschland; sie kommen in nahezu allen Lebensräumen vor;

□ **Netzflügler:** der bekannteste Vertreter dieser in Deutschland mit rund 100 Arten vertretenen Gruppe ist die Florfliege, gern gesehen als eifriger Blattlausvertilger;
□ **Mücken und Fliegen (Zweiflügler):** 7000–8000 Arten dieser Insektengruppe leben bei uns; jeder kennt die Stechmücken und die großen Schnaken (z. B. Kohl- und Wiesenschnake); unter den zahlreichen Fliegenarten trifft man im Garten viele Blütenbesucher (besonders fallen die Schwebfliegen auf), aber auch Aas- und Dungfliegen;
□ **Schmetterlinge:** von den rund 3000 heimischen Schmetterlingsarten werden etwa 1300 Arten zu den Großschmetterlingen (Tag- und Nachtfalter), der Rest zu den mottenartigen Kleinschmetterlingen gezählt; besonders aus der letzten Gruppe finden sich in jedem Garten zahlreiche Arten, darunter Obstbaumschädlinge wie Apfelwickler, Frostspanner und Obstbaumeule; als Schädling können auch die Raupen des Kohlweißlings auftreten;
□ **Lurche (Amphibien):** von den 19 einheimischen Amphibienarten trifft man auch ohne Gartenteich meist die Erdkröte an, ein wichtiger Schneckenvertilger; im Gartenteich kann man mit Gras- und Wasserfrosch, mit Gelbbauchunke und der einen oder anderen Molchart rechnen;
□ **Kriechtiere (Reptilien):** von den nur 12 heimischen Arten kommen im Garten allenfalls die Zauneidechse, die Blindschleiche und die Ringelnatter vor;
□ **Vögel:** von den 255 heimischen Brutvogelarten nisten etwa 20 ziemlich regelmäßig auch in Gärten; viele weitere treten als Gäste zur Nahrungssuche auf; als Wintergast kann auch einmal eine der rund 200 Gastvogelarten im Garten beobachtet werden, etwa Seidenschwanz oder Bergfink;
□ **Säugetiere:** aus dieser Klasse wurden 94 Arten in Deutschland festgestellt; im Garten kann man mit Igel, Maulwurf, Spitzmaus und Fledermäusen rechnen sowie mit Mäusearten (z. B. Wühlmaus), mit Eichhörnchen, Siebenschläfer, Haselmaus und Wieselarten, gelegentlich auch mit dem Steinmarder.

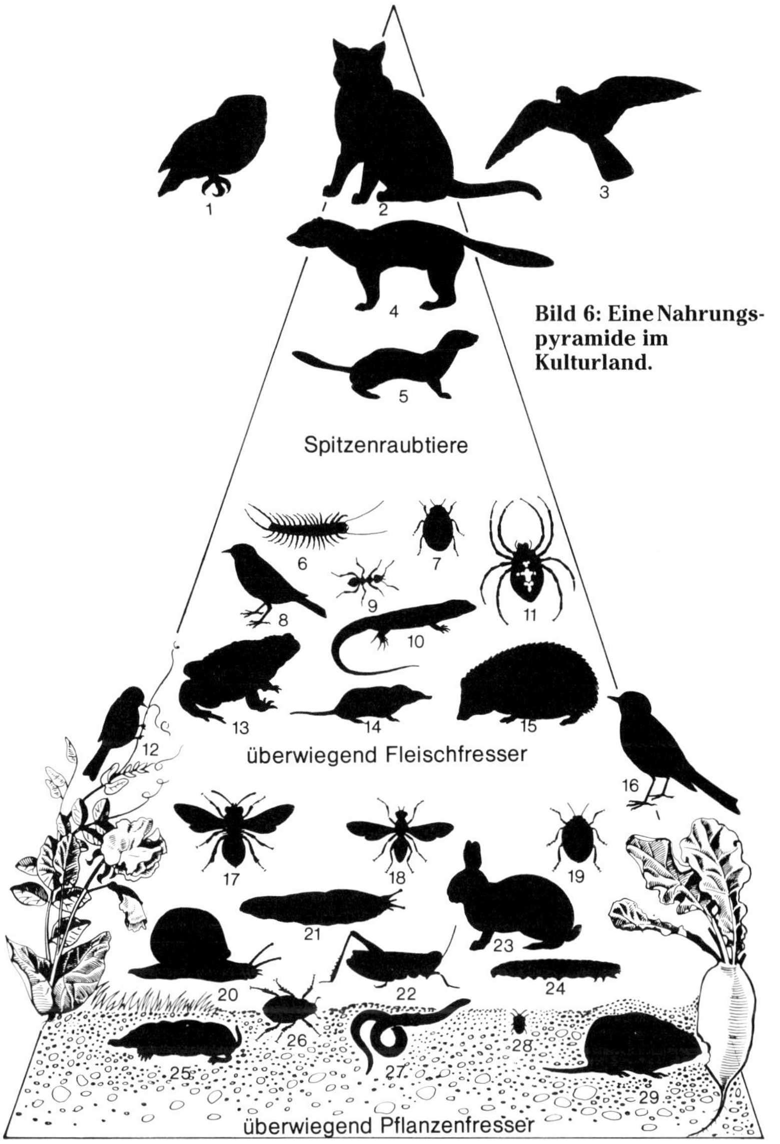

Bild 6: Eine Nahrungspyramide im Kulturland.

1 Steinkauz
2 Hauskatze
3 Turmfalke
4 Steinmarder
5 Wiesel
6 Steinläufer
7 Marienkäfer
8 Gartenrotschwanz
9 Wegameise
10 Zauneidechse
11 Kreuzspinne
12 Kohlmeise
13 Erdkröte
14 Gartenspitzmaus
15 Igel
16 Amsel
17 Honigbiene
18 Möhrenfliege
19 Kartoffelkäfer
20 Gartenschnirkelschnecke
21 Große Wegschnecke
22 Heuschrecke
23 Wildkaninchen
24 Kohlweißlingsraupe
25 Maulwurf
26 Gartenlaubkäfer
27 Regenwurm
28 Sammetmilbe
29 Erdmaus

Die Nahrungspyramide

Die grünen Pflanzen haben als einzige Lebewesen die Fähigkeit, aus anorganischen Stoffen organische (= gewachsene) aufzubauen. Sie erzeugen in jedem Jahr auf dem Land und im Wasser eine große Biomasse; sie bilden die Grundlage aller Nahrungsbeziehungen. Einen Teil dessen, was ein Rasen an Gras erzeugt, kennt jeder, der das Schnittgut schon einmal versorgt hat.

Von dieser pflanzlichen Biomasse leben die vielen pflanzenfressenden Tiere – von der Blattlaus bis zur Kuh. Immer noch zahlreich, aber an Arten und Einzeltieren doch schon deutlich weniger je bestimmter Fläche, finden wir die fleischfressenden Tiere von den Schlupfwespen bis zum Igel im Garten oder bis zum Marder im Wald. Schließlich haben wir noch die oberste Stufe der größeren Spitzenraubtiere. Dazu gehören Katzen, Hunde, Greifvögel. Weil die Biomasse der verschiedenen Nahrungsebenen von den Pflanzen zu den Spitzenraubtieren immer weniger wird, spricht man von einer Nahrungspyramide. Die größten Raubtiere eines Ökosystems haben nur wenige oder gar keine Freßfeinde über sich, sie heißen deshalb in diesem Zusammenhang Spitzenraubtiere. Es ist klar, daß auf gegebener Fläche nur wenige solcher Großräuber genügend Nahrung finden.

Das Revier eines Igels umfaßt mehrere Gärten, das Revier eines Fuchses ist viele Hektar groß, das eines Wolfs weit größer. In diesem ökologischen Sinne ist auch der Mensch ein „Spitzenraubtier" oder „Großräuber". In unserer mitteleuropäischen Heimat schaltete er seine vermeintlichen Wettbewerber wie Luchs, Wolf und Bär völlig aus. Die „Krone der Schöpfung" stellt auch den absoluten Gipfel der Unduldsamkeit dar.

Lebensraum Garten

Wenn ihr mit eurem Garten einen kleinen Entfaltungsraum für einige Tier- und Pflanzenarten – bedrohte oder noch nicht bedrohte – schaffen könnt, so habt ihr eine persönliche Möglichkeit verwirklicht, die euch niemand verwehren wird. Wer selbst wenig oder nichts für Natur und Umwelt tut, sollte andere nicht darüber belehren, was sie alles falsch machen. Wir können in unseren Gärten die Natur nicht retten. Aber wir können uns auf eine hilfreiche Weise mit ihr anfreunden. Wir können unseren Mitmenschen ein gutes Beispiel geben. Und das ist sehr viel.

Bild 7: Wohl kaum jemand wird einen so großen naturnahen Garten einrichten können. Aber auch kleine Schritte sind sinnvoll.

1 Gartenhecke
2 Blumenwiese/ Magerrasen
3 Wildstauden
4 Einheimische Gehölze
5 Brennesseln
6 Steinhaufen
7 abgestorbene Bäume
8 Trockenmauer aus Naturstein
9 Sand-Kies-Fläche (sonnig-warm)
10 Hügel, Mulden, Böschungen
11 Nistkästen
12 Katzen-Abwehr
13 Reisighaufen
14 flache Uferzone
15 Gartenteich
16 Holzstapel

Aktionstip: Besprecht und überlegt mit euren Eltern, wie ihr auf Gift im Garten verzichten könnt. Bietet eure Mithilfe an!

Gärtnern ohne Gift

Man hat ausgerechnet, daß allein auf dem Gebiet der alten Bundesrepublik jährlich mehr als 60 000 Tonnen Gift in Form von Schädlingsbekämpfungsmitteln auf Äcker und in Gärten verspritzt werden. Das ist 1 Kilo pro Einwohner, genug, um jeden umzubringen. Allein die Hobbygärtner geben dafür im Jahr 500 Millionen Mark aus. Aber Mehltau, Blattläuse und Schnekken im Garten sind kein ausreichender Grund zur Anwendung chemischer Gifte wie Fungizide (gegen Pilzbefall), Insektizide (gegen Insektenbefall) oder Schneckenkorn. Die allermeisten „Pflanzenschutz“-Gifte wirken sehr breit, das heißt, sie treffen nicht nur die Art, die man bekämpfen will, sondern viele andere Arten mit. Viele Tausende biologisch wirtschaftende Gärtner und Landwirte in aller Welt, aber auch die unzähligen Generationen unserer Vorfahren, denen keine chemischen Gifte zur Verfügung standen, beweisen, daß man Kulturpflanzen auch auf biologisch vertretbare Weise schützen kann. In vielen Fällen weisen Schädlinge auf Fehler beim Anbau hin. Wir müssen aber auch lernen, überhöhte Anforderungen an die Natur auf ein bescheideneres Maß zurückzustutzen.

Bild 9: Locker aufgebaute Stützmauern werden im Schatten rasch von Moosen und Farnen, in Sonnenlagen von Gras-, Zimbel- und Schöllkraut sowie vielen anderen Kräutern und Gräsern besiedelt. Mit ihren Höhlungen und Ritzen bieten sie vielen Tieren Schutz.

Bild 8: Die Beetumrandung aus nach außen umgebogenen Blechprofilen stellt einen wirksamen Schutz gegen Schnecken dar.

Hügel und Mulden

Wer einen pflegeleichten Rasengarten will, wird ihn maschinengerecht ausbügeln. Wer hingegen Freude an Vielfalt hat, läßt Unebenheiten uneben und fügt – wenn sich's machen läßt – neue hinzu. Die besten Möglichkeiten bieten sich bei einem Neubau vor der Rohplanierung von Erd- und Aushubhaufen. Dabei ist der Unterschied zwischen humushaltiger, belebter Erde und mineralischem Unterboden zu beachten. Die belebte und fruchtbare Oberschicht reicht bei bewachsenem Grund 10–30 cm weit hinab. Darunter liegt Rohboden, toter Lehm, Kies oder Gestein. Bei Erdarbeiten sollte man diese Schichten möglichst wenig durcheinanderbringen. Humus will nicht vergraben, die vorhandene Vegetation nicht zugeschüttet werden. Deshalb trägt man vor Erdbewegungen die Grasnarbe mit der Humusschicht ab. Humusaufschüttungen von mehr als 30 cm haben keinen Sinn, weil das Bodenleben der unteren Lagen durch Luftmangel großenteils abstirbt. Deshalb lagert man vorübergehende Humusaufschüttungen nicht zu hoch und nicht länger als nötig. Rohboden dagegen kann man beliebig hoch aufschütten, sofern natürliche Bodenformen gewahrt werden. Mini-Matterhörner, auch wenn ihr sie mit Steinen stützt, passen nicht in den Garten.

Bei allen Höhengestaltungen des Bodens besteht die Gefahr, daß sie sich nicht harmonisch in die Umgebung einfügen und künstlich aussehen. Abstoßende Beispiele sind die nach Meßlatte geböschten Geländeanschnitte an Straßen, die meisten Schallschutzwälle oder die Grabhügel, die zustande kommen, wenn ein Haus zu hoch über seine Umgebung gebaut wurde. Die natürliche und deshalb dauerhafte Bodenform ist der Hügel, eine anmutige Kulturform die Terrasse, wenn sie nicht stur rechteckig angelegt und wenn sie mit Trockenmauern gestützt und gefaßt wird. Vorhandene oder geschaffene Böschungen lassen sich mit solchen Trockenmauern aus Natursteinen abfangen, terrassenförmige Geländestufen auch mit liegenden Bahnschwellen lebendig gestalten. Palisadenwände aus senkrechten Rundhölzern wirken künstlicher.

Unsere Zeichnung (oben rechts) macht deutlich, wie eine Trockenmauer angelegt wird. Wenn ihr größere Spalten einbaut, könnten sogar Blaumeisen dort einen Brutplatz finden.

Am feuchten Mauergrund wachsen Moose. Hier leben gern Schnecken; vielleicht siedeln sich auch deren Freßfeinde, die Blindschleichen und Kröten, an.

Es gibt viele Möglichkeiten, Bewegung ins Gelände zu bringen und damit Vielfalt in die Lebensräume. Mit einer Fuhre Kies läßt sich eine wasserzügige Böschung gestalten. Auf solchen Trockenstandorten breitet sich in wenigen Jahren eine zarte, farbige Pflanzendecke aus, in der viele Insekten Lebensraum finden. In einer Mulde kann sich Wasser sammeln: als kleiner Teich oder als rundliches Sumpfbeet. Größere Erdarbeiten, vor allem aber die Wasserführung im Boden und im Gelände, erfordern fachliche Kenntnisse und Erfahrung.

Steine und Mauern

Würden Gebäude und Mauern heute noch so gebaut wie früher, brauchte man über Steine als Lebensraumhilfe im Garten nicht viel zu reden. Heute findet man Trockenmauern aus Naturstein oder mit Magermörtel aufgesetzte Ziegelwände fast nur noch in alten Anwesen. So gingen wertvolle Lebensräume verloren. Die Mörtelfugen alter Hauswände dienten zum Beispiel zahllosen Hautflüglern (Wildbienen, Grab- und Wegwespen) als Brutplatz, die sonst ihre Gänge und Kammern im Löß von Steilwänden anlegen.

Leichter läßt sich die Trockenmauer wiederbeleben – wenigstens dort, wo Bruchsteine einigermaßen preiswert zu bekommen sind oder wo ihr sie aus einem Steinbruch selbst holen könnt. Diese ohne Mörtel aufgeschichteten Mauern verschönern in Form von Stützmauern am Hang oder als Zaunersatz nicht nur jeden Garten, sie bilden auch geeignete Standorte für viele Felsenpflanzen – etwa Mauerraute, Streifenfarn, Zimbelkraut, Fetthenne, Hauswurz und andere Arten.

Selbst kleine Gärten bieten Platz für eine Sitzmauer. Ihre Ritzen und Fugen lassen sich wie ein Steingarten bepflanzen.

Unter Steinhaufen ziehen sich gern Molche zurück, nicht nur während des Winters, auch im Sommer, den sie großenteils außerhalb ihres Laichgewässers verbringen. Ihnen behagen vor allem die gleichmäßige Feuchtigkeit, der Schutz vor unmittelbarem Sonnenlicht und die ausgeglichene Temperatur eines solchen Ortes. Auch Erdkröten wissen diese Plätze zu schätzen. Als Schneckenvertilger leisten sie dem Garten beste Dienste.

Bild 10: Eine Natursteinmauer ganz ohne (Trockenmauer) oder mit wenig Mörtel stellt eine schöne, praktische und ökologisch sinnvolle Terrassenbegrenzung dar.

Aktionstip:
Legt einen lose aufgeschichteten Feldsteinhaufen im Garten an. Laßt um ihn herum ein wenig Wildwuchs entstehen und beobachtet das sich einstellende Tierleben, ohne es zu stören. Ihr braucht dafür Steine und Geduld!

Bild 11: Aufgeschichtete Steinbrocken und Hangstützen aus Eisenbahnschwellen werden bald zu wertvollen Kleinlebensräumen.

Wozu Ziegelhaufen gut sein können, erlebte ich bei meinem Nachbarn, der einen kleinen Bauernhof bewirtschaftet. An einer Südwand hatte er jahrelang flache Dachziegel, sogenannte Biberschwänze, aufgestapelt. Die Tonplatten waren von knapp bleistiftdicken Hohlräumen durchzogen. Diese Löcher sagten offenbar der Rostroten Mauerbiene (Osmia rufa) so zu, daß diese sonst eher einzeln lebende Art hier zu Aberhunderten ihre kleinen, aus Lehm gemauerten Zellen mit Blütenpollen für die Brut anlegte. An manchen Tagen im Mai summte es hier wie an einem Bienenstand.

Im Winter finden dann Stieglitze noch Samen.

Viele Insektenarten sind durch ihren Nahrungsbedarf an bestimmte Pflanzen gebunden. So braucht die Raupe des Violetten Perlmutterfalters den Waldgeißbart als Futterpflanze, die Distelfalterraupe verschiedene Distelarten, die Schwalbenschwanzraupe den Wiesenkümmel oder die wilde Möhre, die Raupe des Pfauenauges und des Kleinen Fuchses die Brennessel. Alle Falter sind während ihrer Flugzeit auf bestimmte nektarreiche Blüten angewiesen. Rosen etwa nützen den Schmetterlingen nichts. Aber die Zusammensetzung der Wildstauden-

Bild 12: Der Giersch, auch Geißfuß genannt, blüht wunderschön und ergibt als junges Kraut einen schmackhaften Spinat. Zu schade, wenn er von ordnungsliebenden Gärtnern als Unkraut verbannt wird.

Bild 13: Die Gartengrasmücke gehört zu den unscheinbaren, aber sehr kunstvoll singenden Vogelarten. Sie bevorzugt dichte Stauden- und Strauchgestrüppe als Niststandort. Wo Katzen umherstreichen, wird man sie vergebens suchen.

Wildstauden im Garten

In freier Natur bilden Gruppen mehrjähriger Krautpflanzen – man nennt sie Stauden – kleinere und größere Bestände mit Lebensraumqualität. Ein Brennesselhorst oder ein Disteldickicht hat für viele Kleintiere ähnliche Bedeutung wie der Wald für Fuchs und Reh. Die Pflanzen sollten bis in den Winter hinein ungestört stehen bleiben, dann wird dort ein reiches Insektenleben heimisch. Selbst manche Vogelarten fühlen sich im Staudendickicht so geschützt, daß sie ihre Nester zwischen die Stengel weben, zum Beispiel die Gartengrasmücke und der Sumpfrohrsänger.

gesellschaften hängt vom Standort ab. Klima, Kleinklima und Boden bestimmen, was von Natur aus gedeiht. Durch Samenflug siedeln sich standortgerechte Wildpflanzen meist von selbst an. Aber das Bild wird sich von Jahr zu Jahr ändern. Humusarmer Aushub muß zunächst von „Pionieren“ wie Huflattich, Hirtentäschel und Strahlenloser Kamille für anspruchsvollere Pflanzen erschlossen werden. Am Heckenrand entsteht ohne viel Zutun eine Saumgesellschaft, wie ihr sie an Waldrändern und auf Kahlschlägen (Schlagflora) findet. An einer sonnigen Kiesböschung entwickelt sich vielleicht die farbige Natternkopf-Steinkleeflur, in einem nährstoffreicheren, sonnigen Winkel ein Distel-Kletten-Gestrüpp. Die mächtigen gelben Leuchter der Königskerze lieben trockenwarmen

Beobachtungstip:
Beobachtet, welche Wildstauden in eurer städtischen oder ländlichen Umgebung wachsen und welche Insekten ihr auf ihnen findet. Führt gemeinsam Buch und sucht die Pflanzen zur Samenreife wieder auf, wenn ihr sie vermehren wollt.

Kiesgrund, der weißblühende Giersch breitet sich gern im Schatten aus. Zusammen mit der Brennessel bildet auch er wertvolle Kleinlebensräume als Nahrungsgrundlage für viele Insektenarten.

Hat euer Garten, etwa inmitten der Stadt, wenig Zuzug aus der Umgebung – längst nicht alle Samen werden durch Wind verbreitet –, dann könnt ihr nachhelfen: Sammelt Samen von Wildstauden vergleichbarer Standorte in näherer oder weiterer Umgebung und streut sie aus, wo ihr die Pflanzen haben wollt. Ein Teil wird Fuß fassen, sich dann aber vielleicht so vermehren, daß ihr den Bestand jährlich eindämmen müßt. Die Natur tut, was sie kann. Auch ein naturnaher Garten erfordert Pflegeaufwand. Ein sich selbst überlassenes Grundstück kann nach ein bis zwei Jahren nicht mehr Garten, sondern nur noch Gestrüpp genannt werden. Kleinbiotope im Kultur- oder Siedlungsland bedürfen überlegter Anlage und steuernder Pflege. Dann können sie eine artenreichere Lebensgemeinschaft beherbergen, als das ohne unsere Hilfe möglich ist.

Bild 14: In einem vielseitig zusammengesetzten Komposthaufen siedeln sich ganz von selbst Kompostwürmer an, nahe Verwandte des Regenwurms. Sie tragen mit vielen anderen Kleinorganismen zur raschen Verrottung der Garten- und Küchenabfälle bei.

Kompost

Das Wort Kompost hängt zusammen mit dem Wort komponieren. Auf die richtige Zusammensetzung kommt es nämlich an.

Mit dem Komposthaufen, in dem wir die verschiedensten organischen Stoffe in nährstoffreiche Humuserde verwandeln, tun wir nichts anderes, als was überall in der Natur, wo Pflanzen wachsen, ständig geschieht: Pflanzliche und tierische Abfälle werden durch die Tätigkeit unzähliger Kleinorganismen (vor allem Bakterien und Pilze) abgebaut.

Sicher habt ihr schon einmal in einem Komposthaufen gewühlt oder beim Umsetzen zugeschaut. Da wimmelt es von rötlichen Würmern, nahen Verwandten des Regenwurms. An manchen Stellen kann man ein feines Gespinst weißer Fäden erkennen, das Myzel von Pilzen. Die wichtigsten Zersetzer sieht man allerdings mit bloßem Auge nicht, die Massen von sauerstoffliebenden Bakterien. Ihre Anwesenheit erkennt man an zweierlei: an der Wärme, die bei der Verrottung entsteht (die kann im Extremfall 50–70 °C betragen – an kalten Tagen sieht man es dampfen) und an der schwammigen Beschaffenheit der Komposterde. Die Bakterienkolonien wirken nämlich wie Leim, der dem Boden eine gute Krümelstruktur verleiht. Ohne sie und die Eigenschaften des Humus würde Erde strukturlos wie Dünensand sein.

Das ist der große Vorteil von Komposterde gegenüber Mineraldüngern. Sie liefert den Pflanzen nicht nur alle nötigen Nährstoffe in ausgewogenem Verhältnis und ständig nachfließender Form, sondern sie gibt dem Boden eben jene besondere Beschaffenheit, die für eine optimale Wasserführung und Durchlüftung Voraussetzung ist. Eine Beschaffenheit, wie wir sie von Waldböden in Mischwäldern kennen. Also eine ganz natürliche Sache.

Durch gute Pflege des Komposthaufens bekommen wir ohne große Anstrengung ein wunderbares Produkt, das zehnmal besser ist als der so gern gekaufte Torf. Wichtig ist bei der „Haufenkompostierung", daß Kohlenstofflieferer (ältere Pflanzen, auch Pappe und Papier) und Stickstofflieferer (junge Pflanzen, Mist, Federn, Haare) in ausgewogenem Verhältnis zusammenkommen. Stroh allein, beispielsweise, verrottet schlecht; mit Mist zusammen ergibt es bald gute Komposterde.

Achtet auch immer darauf, daß ihr Garten- und Küchenabfälle, Mist von Hühnern oder Hasen, Holzasche, Pappe usw. nie kompakt, sondern immer gut über den ganzen Haufen verteilt dazugebt. Einige Hände voll Gartenerde, Steinmehl oder Kalk ab und zu fördern die Verrottung. Dann braucht ihr nur noch darauf zu achten, daß das Ganze weder zu naß noch zu trokken wird, gut Luft bekommt und mit Stroh und alten Säcken abgedeckt ist, und ihr werdet schon nach zwei bis drei Monaten (im Sommer) schöne schwarze Erde bekommen.

Laßt den Torf im Moor!
Nach und nach spricht es sich herum: Den Torfabbau in den letzten großflächigen Mooren unserer an Feuchtgebieten verarmten Landschaft verursachen unter anderen die Hausgärtner durch ihren ständigen, ebenso umfangreichen wie überflüssigen Torfverbrauch. Es gibt gleichwertige und bessere Ersatzstoffe für Torf, die aus Rinden und anderen Pflanzenteilen hergestellt werden. Zudem machen Kompost und Sand als Bodenlockerer, Grasschnitt und Laub als Abdeckmaterial Torf leicht entbehrlich.

Bild 15: Igel suchen gern Hohlräume unter Kompostkisten zur Nahrungssuche und als Versteck auf.

Zeigerpflanzen

Viele Wildpflanzen zeigen durch ihr Auftreten, wie der Boden, auf dem sie gedeihen, beschaffen ist. Man nennt sie Zeigerpflanzen. Diese Pflanzen stellen oft fein abgestufte, unterschiedliche Ansprüche an ihre Umwelt, besonders an den Boden.

Bild 16:

Saure Böden:
1 Heidelbeere
2 Kleiner Sauerampfer
3 Heidekraut
4 Adlerfarn

Kalkreiche Böden:
5 Küchenschelle
6 Bunte Kronwicke
7 Wiesen-Storchenschnabel
8 Wundklee
9 Esparsette

Feuchte Böden:
10 Mädesüß
11 Pfeifengras (auch trocken)
12 Echter Baldrian
13 Scharbockskraut

Stickstoffreiche Böden:
14 Knoblauchrauke
15 Guter Heinrich
16 Brennessel
17 Giersch
18 Weiße Taubnessel

Sandböden und nährstoffarme Böden:
19 Thymian
20 Wiesen-Lein
21 Scharfe Fetthenne
22 Heide-Ginster

Trockene Böden:
23 Kleine Bibernelle
24 Natterkopf
25 Aufrechte Trespe
26 Kleiner Wiesenknopf
27 Frühlings-Fingerkraut

Freilich gibt es auch Arten, die sich unter recht unterschiedlichen Bedingungen ausbreiten; man nennt sie „Ubiquisten“. Zu ihnen zählen z. B. der Löwenzahn, der Breit- und Spitzwegerich. Der Breitwegerich hat noch eine besondere Fähigkeit: Er kann auf stark verdichteten Böden wachsen und verträgt es, getreten zu werden.

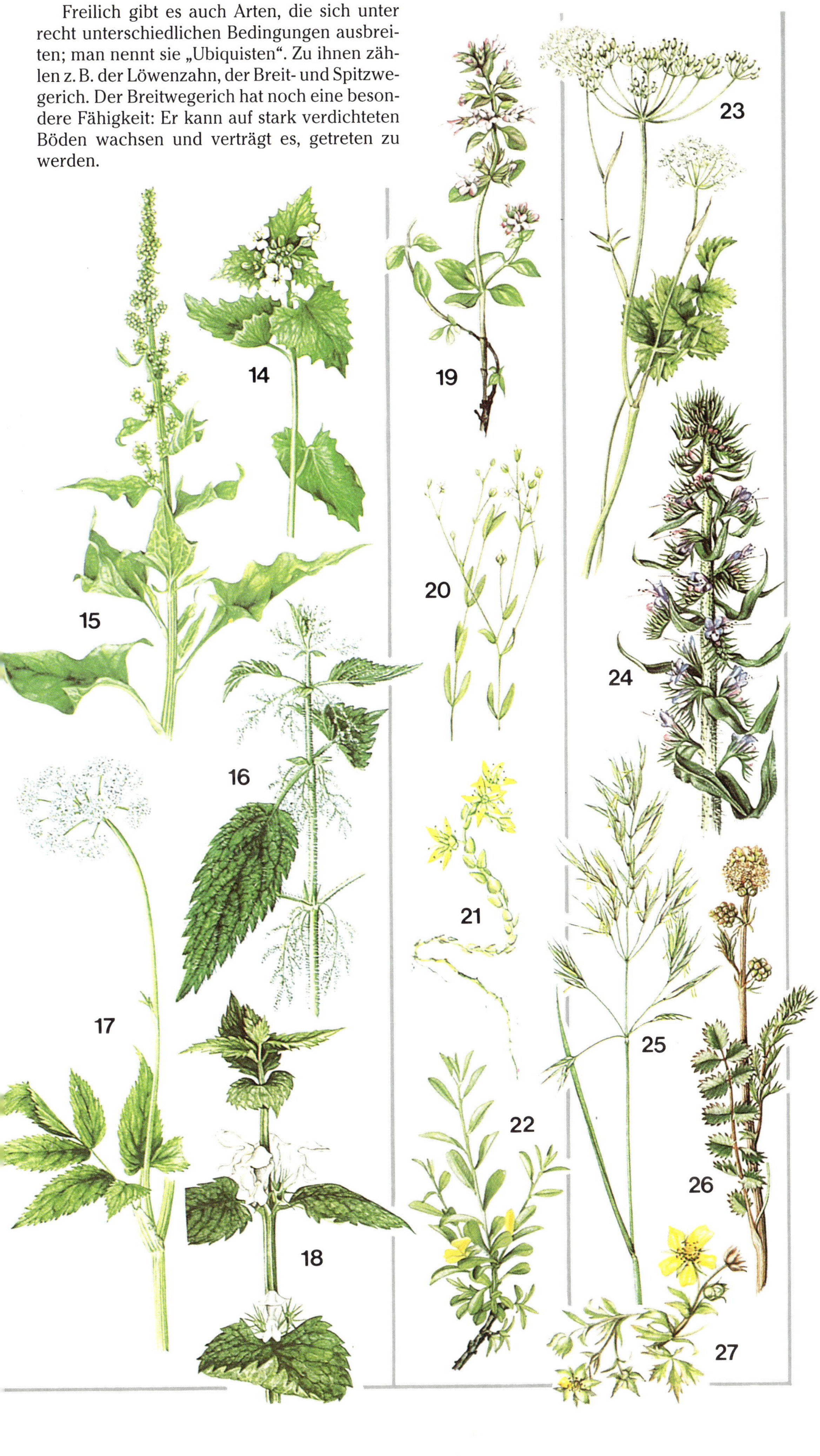

Die Blumenwiese

Die Blumenwiese im Garten wird seit einigen Jahren von immer mehr Leuten empfohlen. Auch von solchen, die sich noch nie mit Rasen oder Wiesen beschäftigt haben. Wer eine Blumenwiese will, kann sie sich mit Ausdauer und Geduld heranziehen. Er tut damit etwas für die Natur. Aber er braucht deshalb noch nicht alle Rasenmäher-Piloten als Spießer zu verurteilen. Manchmal wird grünklug dahergeredet, als könnte aus dem chemiegepflegten Kurzrasen schon im nächsten Jahr und ohne viel Zutun die bunteste Blumenpracht erstehen. Die Folgen solcher Mißverständnisse: braunes, überständiges Gras, durch das man nicht mehr gehen, das man auch nicht mehr richtig mähen kann. Solche Flächen werben nicht für den Naturgarten. Zwischen Golfplatz-Grün und Naturwiesen liegen viele Kompromißlösungen:

Inseln mit Margeriten und Lichtnelken im

Bild 17: Doldenblütler, wie dieser Wiesen-Bärenklau, bieten den Nektar ihrer Blüten sehr offen dar, so daß sich hier auch viele Honiggäste einfinden, die nicht mit speziellen Saugrüsseln ausgestattet sind.

Bild 18: Eine solche Blumenwiese kann man durch Aussaat auf frischem Boden ziemlich schnell hervorzaubern. Sie besteht aber hauptsächlich aus Pionierpflanzen, die bald einer ganz anderen Pflanzengesellschaft Platz machen.

kurzgeschnittenen Gebrauchsrasen; „Wiesen auf Zeit", die erst Mitte Mai gemäht werden; auf ihnen blühen Gänseblümchen, Ehrenpreis, Löwenzahn und Günsel; sie verwandeln sich nach der Mahd wieder in einen begehbaren Rasen. Die wirklich naturnahe Sommerwiese kann sich am besten in größeren Gärten entfalten.

In unserem Klima entstanden Wiesen hauptsächlich durch die Rodungsarbeit der Menschen. Regelmäßige Mahd oder Weide halten die Pflanzengesellschaften des Grünlandes frei von Gehölzen. Neben den Salzwiesen der Küste und der Dünenvegetation wachsen bei uns natürliche Rasen nur auf sehr flachgründigem Boden über Fels (Steinfluren) oder oberhalb der Baumgrenze im Gebirge (alpine Matten). Beide Pflanzengesellschaften sind botanische Fundgruben und eine bunte Augenweide vom Frühling bis zum Herbst, sofern nicht gedüngt wird. Die Pflanzen der Magerrasen vertragen keine künstliche Zufuhr von Nährstoffen in Form von Mineraldüngern, Jauche, Mist oder Kompost. Ihr werdet also auf fruchtbarer Gartenerde keinen Magerrasen ziehen können. Dafür braucht ihr kiesigen Aushub ohne Humusdecke. Die Artenzusammensetzung eines Halbtrockenrasens hängt entscheidend davon ab, ob im Untergrund Kalk (alkalisch) oder Silikat (sauer) überwiegt. Die zarten Gräser und Kräuter bilden nur lichte Bestände, aber ihr Anblick ist immer erfreulich, ob sie nun blühen oder ob goldglänzende Halme der Gräser sich im Wind wiegen. Hier könnt ihr Adonisröschen, Kuhschellen und Heidenelken pflanzen.

Stark gedüngte Wiesen entwickeln sich ins Blatt, weniger in die Blüte; sie sind grün, nicht bunt. Wenige Arten herrschen vor; der üppigen Löwenzahnblüte folgen Hahnenfuß, Wiesenkerbel und Bärenklau. Es gibt, besonders in Gebirgslagen und im Voralpenland, auch recht bunte Wirtschaftswiesen, wenn sie nicht überdüngt sind und über genügend Kalk verfügen. Sowohl bei der Neuanlage als auch bei der Umwandlung eines bestehenden Rasens muß der Standort für eine naturnahe Wiese meist ausgemagert werden. Ihr solltet dann weder düngen noch wässern, das Mähgut darf nicht liegenbleiben, denn es wirkt wie eine Düngung.

Die artenreiche und farbenfrohe Wiese bedarf der Vorbereitung des Bodens, der Anlage durch geeignetes Saatgut und der Pflege durch wenige Jahresschnitte zum richtigen Zeitpunkt. Samenmischungen aus heimischen Wildpflanzen bedeuten ein Angebot an den Standort. Was bleibt, bestimmt die Wiese selbst.

Die dichtgeschlossene Grasnarbe eines Rasens stellt für Neuankömmlinge ein großes Hindernis dar. Kommen neue Samen überhaupt zum Keimen, dann verkümmern die meisten Keimpflänzchen, weil sie nicht genug Licht erhalten. Für die Ansiedlung blühender Kräuter hackt ihr an verschiedenen Stellen die Grasnarbe auf, um für offene Erde zu sorgen; vorzugsweise hier solltet ihr Wildkräutersamen einsäen.

Bild 19: An den Nektar von Blüten mit dünnen Blütenröhren kommen nur Schmetterlinge mit ihren langen Rüsseln heran. Hier ein Distelfalter auf einer Skabiosen-Flockenblume. Daneben zwei schillernde Blattkäfer bei der Paarung.

Aktionstip: Bittet eure Eltern, ein Stück Rasen in Wiese verwandeln zu dürfen. Fangt mit kleiner Fläche an und beobachtet, welche Pflanzen sich bis zur Blüte entwickeln – auch Gräser –, die auf dem Rasen nie blühen durften.

Bild 20: An höheren, kräftigeren Stengeln in der Wiese hängt die Französische Feldwespe gerne ihr Nest auf. Schon deswegen sollte man an manchen Stellen das Gras bis in den Herbst stehen lassen. Es ist besonders interessant, diese Tiere bei der Brutpflege zu beobachten.

Bild 21: **Der wichtigste Schritt zur Blumenwiese ist der Verzicht auf jegliche Art von Unkrautvernichtungsmitteln im Garten. Gänseblümchen und Ehrenpreis können sich auch im kurzen Rasen halten.**

Bild 22 + 22 a: Die „Bewirtschaftung“ einer Wiese ist nicht so einfach wie die Pflege eines Rasens mit dem Rasenmäher. Der Umgang mit Sichel und Sense will gelernt sein.

Wer ökologischen Forscherdrang und Geduld hat, verzichtet ganz auf das Säen und überläßt die Entwicklung möglichst von Anfang an der Natur. Wenn gesät wird, dann dünn, damit Platz bleibt für Neuzugänge durch natürlichen Samenflug. Natürlich könnt ihr auch mit selbstgesammelten Samen von Wildkräutern nachhelfen.

Neben Bodenbeschaffenheit und Klima spielen Häufigkeit und Zeitpunkt der Mahd eine entscheidende Rolle für die Entwicklung der Wiese. Welchen Zweck soll die Wiese erfüllen? Wird die Fläche nur wenig begangen, braucht ihr auch nur selten zu mähen. Starkwüchsige Wiesen erfordern wenigstens zwei Schnitte: den ersten nach der Samenreife vieler Frühjahrsblüher, also je nach Klima und Jahr Mitte bis Ende Juni, den zweiten nach der Samenreife der Sommerblüher, so spät wie möglich im Herbst. Wenn die Wiese schütterer und magerer geworden ist, genügt ein Herbstschnitt im Oktober. Niedergetretenes Gras sieht häßlich aus, stört die Blütenbildung der Kräuter und läßt sich nur noch schwer mähen. Rasen und Wiesen in Hausnähe sollten in der Regel begehbar bleiben. Als Lösung bietet sich die Anlage von Trittpfaden an, die ihr durch regelmäßiges Mähen mit dem Rasenmäher oder einer Sichel kurzhaltet.

Naturnahe Wiesen beherbergen ein Heer von Tieren: Spinnen, Fliegen, Hautflügler, Heuschrecken, Grillen, Kleinzikaden, Käfer. Für viele Arten ähnelt die Mahd einem Weltuntergang. Wollt ihr eine reiche Fauna erhalten, tut ihr gut daran, nicht in einem Zug die ganze Wiese abzuräumen, sondern stückweise, so daß immer genügend Ausweichmöglichkeiten bleiben. Damit könnt ihr gleichzeitig Erfahrungen für den besten Mähzeitpunkt sammeln.

Wie wird gemäht? Je höher das Gras steht, desto mehr Schwierigkeiten macht es dem normalen Rasenmäher. Er ist dafür nicht gebaut. Aber es gibt auch Gartenmäher, die hohes Gras bewältigen. Am besten eignet sich der Balkenmäher – er funktioniert unabhängig von der Höhe des Grases.

Das umweltfreundlichste und billigste Mähgerät ist die gute alte Bauernsense. Kleinstflächen, auf denen sie schwer gehandhabt werden kann, bearbeitet ihr besser mit der Sichel. Das Mähen mit der Sense ist nicht schwer, aber es will gelernt sein. Laßt es euch von einem Bauern zeigen, der noch von Hand mähen kann. Sauberes Mähen setzt eine rasiermesserscharfe Sense voraus. Auf die Dauer reicht der Wetzstein allein nicht aus, die Sense muß in größeren Zeitabständen *gedengelt,* d. h. auf eine besondere Art geschärft werden. Wenn ihr ernsthaftes Interesse zeigt, wird euch auch hier ein Bauer weiterhelfen.

Sand und Kies

Auch Sand kann zum Lebensraum werden. Man spricht von Extremhabitaten, also von Lebensräumen mit Bedingungen, die nur von Spezialisten der Pflanzen- und Tierwelt genutzt werden können. Die Zahl der Arten und die Zahl der Einzellebewesen (Individuen), die hier leben, ist in der Regel niedrig.

Kleine, trocken-warme Sandflächen entstehen oft unmittelbar am Mauerfuß von Gebäuden. Der Dachüberstand schützt vor Regen, die Mauer speichert und reflektiert Sonnenwärme. Breitet ihr an solchen Stellen eine etwa fingertiefe Sandschicht aus und haltet sie durch Umfassungsteine zusammen, so könnt ihr unter günstigen Umständen bald bodennistende Hautflügler beobachten. Damit ihre Gänge und Brutstätten nicht einstürzen, brauchen sie ungewaschenen, lehmhaltigen Sand. Die Zahl der Weg- und Grabwespen und der nicht staatenbildenden (solitären) Bienenarten ist erstaunlich groß. Wenn ihr diesen Tieren beim Bau und beim Eintragen von Futter (Pollen bei den Bienen, Raupen und Spinnen bei den Wespen) zuschaut, gewinnt ihr Einblicke in ein Tierleben, das vielen Menschen verborgen bleibt, weil sie es nie beachtet haben.

An Lockersandstellen legt der Ameisenlöwe (die Larve der Ameisenjungfer) oder der ebenso zangenbewehrte Engerling des Sandlaufkäfers winzige Fangtrichter an. Beide Arten lauern kleinen Laufinsekten auf. Zu ihnen zählen kleine Ameisenarten, die an den Mauerritzen oder in locker bewachsenem Sand ihre Nester anlegen.

Auf besonnten Sandplätzen könnt ihr trokkenliebende Pflanzen (Xerophyten) ansiedeln. Es müssen nicht exotische Kakteen sein. Die heimische Flora bietet von zierlichen Alpen- und Dünengräsern bis zu Mauerpfeffer und Hauswurz eine Vielzahl reizvoller Formen und Farben. Selbst trockenliebende Pflanzen brauchen ab und zu Wasser, besonders wenn sie auf sandigem Untergrund stehen.

Kleine Sandmengen findet ihr an Fließgewässern oder Seen. Doch solltet ihr niemals natürliche Biotope stören, um ein Gartenbiotop aufzubauen! Bausande sind gewaschen. Deshalb müßt ihr ihnen Lehm oder lehmige Erde beimischen. Auch ein Gemenge aus Sand und feinem Kies erfüllt die hier gewünschten Lebensraumbedingungen, wenn wenigstens geringe Erd- oder Lehmanteile enthalten sind.

Bild 23: Noch auf den kümmerlichsten Böden und auf Steinen fast ohne Erde kann sich der Scharfe Mauerpfeffer, eine Fetthennenart, halten.

Heilkräuter und Wildgemüse

Eine bunte Fülle von Kräutern belebt die Natur. Der Mensch nennt viele von ihnen Unkräuter. Wir sprechen besser von Wildkräutern. Durch Hakken und Jäten schränken wir ihre Ausbreitung dort ein, wo sie im Garten Kulturpflanzen unmittelbar bedrängen. „Unkrautbekämpfung" mit Gift ist eine Kriegserklärung gegen die Natur. Eine liebevollere Beschäftigung mit den wilden Kräutern des Gartens bringt großen Gewinn. Viele könnt ihr als Wildsalate und Wildgemüse nutzen. Besonders im Frühjahr, wenn das größte Bedürfnis nach frischem Grün besteht, könnt ihr auf diese Weise ernten, ohne gesät zu haben. Die Nutzpflanzen des Gartens sind um diese Zeit noch längst nicht erntereif.

Der Nutzen unserer Wildkräuter im Garten reicht noch weiter: Allerweltsgewächse wie die Brennessel ergeben wertvolle Pflanzenjauchen mit Dünge- und Heilkräften für Boden und Nutzpflanzen. In der biologisch-dynamischen Wirtschaftsweise bereitet man Präparate zur Kräftigung des Pflanzenwachstums aus der Brennessel, der Schafgarbe, der Kamille und anderen Kräutern.

Brennesseljauche, zum Beispiel, dient der Düngung, der Schädlingsabwehr und der Stärkung der Pflanzen – und ist leicht herzustellen. In ein Regenfaß mit Wasser gebt ihr eine Schubkarre voll frischer Brennesseln. Locker abgedeckt läßt man das dann ein bis zwei Wochen gären, wobei ein Umrühren morgens und abends förderlich ist. Wenn kein Schaum mehr auf der nun nach Jauche stinkenden Brühe entsteht, ist die Gärung abgeschlossen. Im Verhältnis 1:10 verdünnt verwendet man die Jauche im Gießwasser. Übrigens: etwas Baldrianessenz bannt den scharfen Geruch.

Aktionstip: Versucht mit Hilfe von Freunden, Lehrern und Bestimmungsbüchern alle Wildkräuter, die ihr im Garten findet, zu bestimmen. Wißt ihr erst die Namen, dann könnt ihr in Büchern nachlesen, welche Bedeutung, vielleicht welcher Nutzen mit den einzelnen Pflanzenarten verbunden ist. Ihr werdet unter den wilden Gartenkräutern viele altbewährte Heilpflanzen entdecken, Teepflanzen und Würzkräuter. Ihr könnt sie frisch oder getrocknet verwenden.

„Wilde“ Kochrezepte

Sauerampfer-Suppe (4 Portionen)

1 Handvoll Sauerampfer-Blätter, klein geschnitten
1 kleiner Kopfsalat, klein geschnitten
1 große Zwiebel, fein gehackt
12 g Butter
1 Liter Hühner- oder Fleischbrühe
etwas Milch
Salz, Pfeffer

Sauerampfer, Salat und Zwiebel in Butter andünsten, aber nicht bräunen lassen. Brühe hinzugeben und ohne Deckel 20–30 Min. leicht köcheln lassen. Anschließend durch ein Sieb passieren. Milch und Gewürze hinzugeben. Mit gerösteten Weißbrotstücken servieren und eventuell noch ein geschlagenes Eigelb unterheben.
(Anstelle der Kopfsalat-Blätter können auch andere Wildkraut-Arten, beispielsweise Vogelmiere, verwendet werden.)

Brennesselgemüse

Frisch gesammelte Blätter oder Sproßspitzen werden gründlich gewaschen, kurz abgetropft und ohne zusätzliches Wasser mit etwas Butter und Gewürzen nach Geschmack in einem Topf etwa 10 Min. erhitzt. Dabei muß ständig umgerührt werden. Der Eigengeschmack der jungen Pflanzenteile ist nicht allzu kräftig. Daher sollte man vor dem Servieren mit Muskat, Pfeffer oder anderen Gewürzen noch etwas nachhelfen.

Huflattich-Tee

Im Mai–Juli junge Huflattich-Blätter sammeln, in Streifen schneiden und am besten schnell in der Sonne trocknen lassen. Pro Tasse Tee werden dann 2 TL getrocknete Blätter mit kochendem Wasser übergossen, ca. 10 Min. ziehen lassen und mit Honig süßen. Bei Husten 2- bis 3mal täglich eine Tasse Huflattich-Tee trinken.

Bild 24: Heilkräuter und Wildgemüse
1 Sauerampfer
2 Bärlauch
3 Gänseblümchen
4 Giersch
5 Johanniskraut
6 Brunnenkresse
7 Hohlzahn
8 Schafgarbe
9 Frauenmantel
10 Vogelmiere
11 Brombeere
12 Gänsedistel
13 Huflattich
14 Spitzwegerich
15 Thymian
16 Löwenzahn
17 Hirtentäschel

Gartenhecken

Selbst die gestutzte Lebensbaum- oder Thujahecke dient verschiedenen Vogelarten als begehrter Nistplatz. Natürlich liegt der ökologische Wert von Wildhecken aus heimischen Straucharten weit höher. Bei der Entscheidung Schnitt- oder Wildhecke geht es aber nicht nur um die Ökologie, sondern oft um den Platz. Eine Schnitthecke kommt mit einer Breite von höchstens 1 m aus; einer Wildhecke solltet ihr je nach Höhe und Pflanzenarten den zwei- bis vierfachen Platz einräumen. Bei kleinen Gärten wird man sich deshalb mit einer Schnitthecke begnügen müssen. Aber auch die muß keine Monokultur sein! Gemischte Schnitthecken sehen zwar vor allem im Frühling und Herbst etwas scheckig aus, aber doch schöner als einförmige Grünwände.

Sanddorn

Schlehe

Hecken, vor allem Wildhecken, haben im Garten mehrfache Bedeutung: Sie stellen die artenreiche Lebensgemeinschaft der Saumgesellschaften dar, in denen sich Elemente des Waldes und des Feldes (der Wiese) durchdringen. Sie bieten Insekten, Vögeln, Kleinsäugern und anderen Tieren Versteck- und Nahrungsmöglichkeiten. Das gilt besonders für Vögel, die hier gute Nistplätze sowie Nahrung im Altlaub und am Boden finden, aber auch viele Beeren im Herbst. Die Hecke ist gewissermaßen der Wald des Gartens. Außerdem verbessert die Hecke durch Windschutz das Kleinklima des Gartens; der Boden im Heckenbereich bleibt länger feucht.

Es gibt ungefähr 20 Straucharten und Kleinbäume der heimischen Flora, die sich für freiwachsende Hecken im Garten eignen. Freilich sind einige Arten davon Standortspezialisten, die man nicht überall hinpflanzen kann. Vor allem solltet ihr die Vorliebe für die beiden Extreme beachten:

mager, trocken, warm, sonnig	**nahrhaft, feucht, halbschattig**
Schlehe	Wilde Stachelbeere
Felsenbirne	Berberitze
Sanddorn	Wilde Johannisbeere
Hundsrose	Heckenkirsche
Wacholder	Wasserschneeball
	Liguster
	Korbweide
	Faulbaum

Hundsrose

Felsenbirne

Berberitze

Wilde Johannisbeere

Liguster

Wolliger Schneeball

Kornelkirsche

Roter Holunder

Bild 25: Frühblüher im Garten (Blütezeit zwischen März und Mai).
1 Goldstern
2 Maiglöckchen
3 Aronstab
4 Blaustern
5 Küchenschelle
6 Veilchen
7 Buschwindröschen
8 Scharbockskraut
9 Lungenkraut
10 Märzenbecher
11 Traubenhyazinthe
12 Leberblümchen
13 Schlüsselblume
14 Hohler Lerchensporn
15 Immergrün

Zum Beispiel braucht der Sanddorn „wasserzügige“, nicht aber eigentlich trockene Böden. Auch die Berberitze kommt in Auwäldern gern auf Kiesrücken vor. Die Bodenansprüche der beiden sind also gar nicht so verschieden, wie es nach dieser Liste erscheinen mag. Dann gibt es die vielen Arten, die mit den durchschnittlichen Bedingungen jedes Hausgartens auskommen:

Wolliger Schneeball	Pfaffenhütchen
Hartriegel	Hasel
Kornelkirsche	Weißdorn
Verschiedene Weiden	Holunder

Am fülligsten entwickelt sich eine Wildhecke, wenn man sie dreireihig pflanzt, wobei die höheren Arten in der mittleren Reihe stehen. Dabei können die niedrig bleibenden Sträucher der Außenreihen ruhig ziemlich dicht (80–100 cm) neben der Hauptreihe stehen, da die höheren Arten später unten leicht verkahlen. Oder ihr pflanzt Außenreihen erst später, wenn die Hauptreihe schon höher steht. Für die Randreihe eignen sich: Stachel- und Johannisbeere, Berberitze, Heckenkirsche und andere. Man kann auch niedrige Blütensträucher verwenden: Apfelrose, Spiräen, Fingerstrauch.

Wenn ihr eine Wildhecke an einer Grundstücksgrenze pflanzen wollt, habt ihr die vorgeschriebenen Abstände zu beachten. In der Regel muß man mit Gehölzen, die höher als 2 m werden, 2–4 m von der Grenze abrücken. Das

Einspruchsrecht des Nachbarn erlischt aber nach einigen Jahren. Für Gehölze unter 2 m Höhe beträgt der Pflanzabstand meist 1 m. (Die Rechtsprechung ist in den Bundesländern unterschiedlich.) Überstehende Äste müssen entfernt werden, wenn es der Nachbar verlangt. An Wegen dürfen sie den Durchgang nicht behindern. So kann eine Wildhecke außen zu einer Art Schnitthecke werden. Das muß ihr aber nicht schaden, sondern trägt eher dazu bei, sie dicht zu machen. Die Feldhecken wurden früher immer „geschneitelt“ oder „geknickt“ (daher der Name „Knick“ für Hecken in Norddeutschland). Das fördert die Verjüngung und beugt der Verkahlung vor.

Bild 26: Igel suchen sich im Garten gern ein Plätzchen unter Reisighaufen.

Weißdorn

Hecken, die etwas lockerer gehalten werden, bieten ein- und mehrjährigen Blütenpflanzen des Waldrandes Entfaltungsraum, unter ihnen viele reizvolle Frühblüher: Märzenbecher, Scharbockskraut, Schlüsselblume, Windröschen, Leberblümchen, Maiglöckchen, Goldstern, Lerchensporn, Lungenkraut, Aronstab, Blaustern und andere.

Reisighaufen

Wer Sträucher und Bäume im Garten hat, dem wächst auch Schnittholz nach. Man kann Äste verheizen, die schwächeren Zweige im Häcksler für die Kompostmiete zerkleinern. Wenigstens einen Teil des Abfallholzes solltet ihr aber als größere und kleinere Reisighaufen unter der Hecke, in der abgelegenen Wildstaudenecke oder unter einem Obstbaum der Vermoderung überlassen. Schnittholzhaufen dienen Kleinvögeln als Versteck und Schlafplatz; einigen Arten sogar als Niststätte, wenn sie dort ungestört bleiben. Igel bauen sich gern unter solchen Haufen ihr Winternest oder bringen in ihrem Schutz Junge zur Welt. Noch anziehender wirken Reisighaufen, wenn sie im Laufe des Sommers von Brennesseln durchwachsen und von Brombeeren überrankt werden. Dann können sich Blindschleichen oder sogar Ringelnattern einfinden – sie lieben abgeschirmte Plätze und moderndes Holz.

Ein Schnittholzhaufen vermodert erstaunlich schnell. Um ihn auf gleicher Höhe zu halten, muß man ihn jährlich einmal mit weiterem Holz beschicken. Seine untersten Schichten vererden – dort riecht es nach Waldboden.

15

Wasser

Unser Land ist trocken geworden. Generationen von Wasserbauingenieuren, Moorkultivierern und dränierenden Bauern machten kleine Gewässer und Feuchtgebiete zur Seltenheit. Bäche wurden verrohrt, feuchte Wiesen entwässert und vor allem unzählige kleine Tümpel zugeschüttet. Übrig blieben Fließgewässer, die als Abwasserkanäle mißbraucht werden, und größere stehende Gewässer, oft künstlich entstanden als Kiesgruben- oder Stauseen, die von Wassersportlern und Sportfischern mit Beschlag belegt sind. Die unendlich reiche Welt der stillen Tümpel ist schon fast verschwunden.

Bild 27: Eine dauerhafte Vogeltränke aus Beton läßt sich auch ohne Maurerlehre bauen.

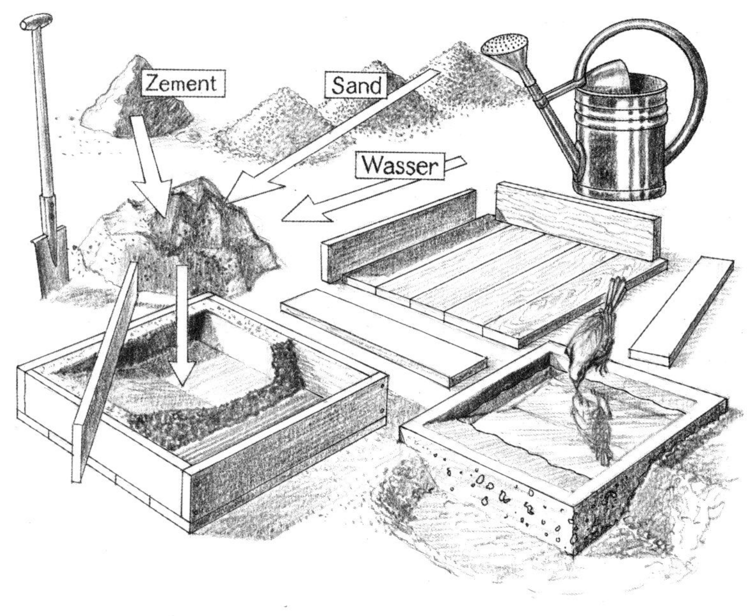

Aktionstip zum Selbermachen: Fügt 1 Teil Zement, 3 Teile Bausand und wenig Wasser zusammen, nämlich nur so viel, daß die Masse nach gründlicher Durchmischung der Zutaten formbar bleibt. Für einfachere Herstellung wählt ihr nicht die runde, sondern eine rechteckige Form. Dafür nagelt ihr aus Brettchen und Leisten eine Art offene Kiste mit nur 8–10 cm hohen Seitenwänden. Damit habt ihr die begrenzende Form der Vogeltränke. Nun breitet ihr eine knapp 10 cm starke Mörtelschicht auf dem Kistenboden aus. Dann bringt ihr einen Mörtelwulst an die Ränder und formt die Schale, wenigstens auf einer Seite flach zum Rand ansteigend, aus. Der Schalenrand soll auf allen vier Seiten gleichmäßig hoch abschließen, damit euer Gefäß bis oben mit Wasser gefüllt werden kann. Nach ein- bis zweitägigem Abbinden des Betons könnt ihr die Holzverschalung ablösen und die Tränke in Gebrauch nehmen.

Die Vogeltränke könnt ihr ebenerdig eingraben oder etwas erhöht stellen. Auf jeden Fall sollte sie frei stehen, damit anschleichende Katzen keine Deckung finden. Bei größeren Tränken legt ihr in die Mitte einige größere Steine, die über die Wasserfläche ragen. Das wichtigste: Ihr müßt immer für frisches Wasser sorgen! Zudem sollte die Vogeltränke regelmäßig mit dem Wasserschlauch ausgespritzt werden, damit sich kein Schmutz ansetzt und Algenwuchs verhindert wird. Auch Bienen benutzen die Tränke gern, wenn sie einen flachen Übergang zum Rand bietet.

Wer in seinem Garten – oder sonstwo – einen Tümpel schaffen oder erhalten und dann auch gegen drohende Übergriffe verteidigen kann, tut nicht nur sich selbst, sondern der Natur einen guten Dienst.

Es muß nicht immer gleich ein 100-Quadratmeter-Teich mit Röhrichtgürtel und fünf bis sechs laichenden Amphibienarten sein. Schon eine Vogeltränke bereichert den Garten für schöne Beobachtungen. Gut eignet sich dafür eine flache Schale mit einem Durchmesser von etwa 50 cm. Ein allmählicher Verlauf in die Schalentiefe bietet auch bei wechselndem Wasserstand verschiedenen Vogelarten Bademöglichkeit. Solche Schalen bekommt ihr im Handel, ihr könnt sie auch selbst aus Zementmörtel formen.

Von der Vogeltränke bis zum Gartenteich bringt jede Gewässergröße neues Leben in den Garten. Topfteiche, die aus Gefäßen bestehen, die man eingräbt, lassen sich zwar schön mit Wasser- oder Sumpfpflanzen begrünen, aber Tiere können sich dort nicht auf Dauer halten. Die senkrechten, glatten Wände des Gefäßes wirken wie Fallen, so daß Spitzmäuse, Igel, aber auch Kröten und Frösche durch Ertrinken zu Tode kommen. Die besten Lebensmöglichkeiten für Pflanzen und Tiere bietet der mit Ton, Lehm, Folie oder Beton abgedichtete Teich. Eine Lehmschicht als Wassersperre muß mindestens 20–30 cm stark sein. Das macht bei einem 50-Quadratmeter-Teich (7x7 m oder ein Rund von etwa 8 m Durchmesser) ein bis zwei Lastwagenladungen mit insgesamt 10–20 Kubikmetern Lehm! Der rohe, tonreiche Lehm wird mit einem Rüttelstampfer maschinell verdichtet – das Ausbringen dieses zähen und schweren Materials erfordert bauhandwerkliche Arbeit. Leichter tut man sich mit Ziegelrohlingen, die man in drei fugenversetzten Schichten übereinander setzt. Auch nach dem Stampfen verliert ein so abgedichteter Teich Wasser durch Kapillarwirkung an den Boden. Der betonierte Teich ist ein Bauwerk, dessen Aushub und Anlage Fachwissen und Maschinenhilfe erfordern.

Die niedrigsten Kosten je Quadratmeter Wasserfläche verursachen die mit Kunststoff-Folie abgedichteten Teiche. Hierbei kann man viel selber tun. Ihr braucht dafür eine spezielle Teichfolie in einer Stärke von 0,5–1 mm. Diese elastischen schwarzen Folien gibt es in verschiedenen Breiten von der Rolle; sie werden von vielen Herstellern und Händlern maßgenau nach Wunsch verklebt oder verschweißt. Folien lassen sich auch an Ort und Stelle chemisch verschweißen, so daß man ausgefallene Formen und große Teiche damit auslegen kann.

Der Standort für einen Teich im Garten hängt davon ab, was ihr mit dem Teich bezweckt. Soll er in erster Linie als Lebensraum dienen, dann empfiehlt sich eine ruhige Lage. Soll er Zierde und Blickpunkt werden, dann gehört er in die Nähe des Hauses. Für sein Pflanzen- und Tierleben braucht der Teich etwa zu gleichen Teilen Sonne und Schatten; Sonne für blühende Wasserpflanzen (z. B. See- und Teichrosen). Lange Sonnenbestrahlung heizt aber

Bild 28: Mit den sehr zuverlässigen Teichfolien ist es heute kein Problem mehr, sich einen Gartenteich selbst anzulegen. Nach Möglichkeit sollte man den Aushub aber nicht als Wall um den Teich ablagern.

Bild 29: Je größer ein Gartenteich ist, desto vielfältiger kann sich darin das Leben entfalten.

Bild 30: Erstaunlich, wie schnell Libellen, hier eine männliche Plattbauch-Libelle, den kleinsten Teich aufspüren und ihre eleganten Kreise ziehen.

das Wasser stark auf. Es verliert dann Sauerstoff, was die wenigsten Tiere vertragen.

Aus meinen eigenen Erfahrungen rate ich zu mehr Schatten, besonders für kleinere Teiche, weil sie sich sehr schnell erwärmen. Sollen im Teich Tiere und Pflanzen frostfrei überwintern, dann braucht ihr eine Wassertiefe von mindestens 70 cm. Ein runder Teich, der 1 m tief ist und dessen Tiefenzone 1 m Durchmesser aufweist, nimmt eine Fläche von rund 20 Quadratmeter ein, wenn seine Seitenwände im Verhältnis 1:2 abfallen. Steiler wären sie nicht zweckmäßig. Diese wenigen, vielleicht eher abschreckenden Hinweise zu den verschiedenen Bauformen eines Gartenteiches zeigen euch, daß seine Anlage gut geplant werden muß und daß er einschließlich des nötigen Arbeitsaufwandes ein schönes Stück Geld kostet. Sprecht mit euren Eltern; vielleicht findet ihr gemeinsam die für euren Garten geeignete Gewässerform. Im übrigen muß nicht jeder Garten einen Teich haben. Unser Buch beweist, daß ihr der Natur auch mit weniger Aufwand Entfaltungsmöglichkeiten im Garten einräumen könnt.

Habt ihr aber einen Teich oder könnt ihr einen anlegen, dann solltet ihr ihn nicht nur bepflanzen, sondern auch pflegen. Sorgt für einen möglichst gleichmäßigen Wasserstand vom Frühjahr bis zum Herbst. Entfernt übermäßig wuchernde Algenwatte, und kümmert euch um die Begrünung mit heimischen Wasserpflanzen.

Für die Tiere eines kleineren Gartenteiches braucht ihr in der Regel nicht viel zu tun. Die meisten kommen von selbst. Damit habt ihr auch die richtige Auswahl. Bei eingesetzten Arten besteht immer die Gefahr, daß ihnen der Lebensraum nicht zusagt. Dann verschwinden sie wieder oder gehen ein. Ein kleiner Ökoteich verträgt keinen Fischbesatz. Auch sogenannte Friedfische fressen mit dem Schlamm viele Kleintiere und Amphibienlaich. Zum Beobachten bieten euch Hüpferlinge und Wasserflöhe, Wasserwanzen, große räuberische Wasserkäfer, Köcherfliegen, Libellen und deren Larven, Frösche, Kröten und Molche zur Laichzeit zahllose interessante Lebensbilder.

Ob sich der Teich im Garten als Laichgewässer für Kröten, Frösche und Molche eignet, sollte ihr den Amphibien selbst überlassen. Das Einsetzen von Amphibien oder deren Laich ist ein fragwürdiges Unternehmen. Man trennt dadurch Einzeltiere von ihrer Gemeinschaft, oft genug kommen sie nicht durch. Der Laubfrosch scheint unter günstigen Umständen bis in rund 600 m Meereshöhe ansiedelbar zu sein. Auch die Grünfrösche (See-, Wasser- und Teichfrösche) sind als ausgewachsene Tiere stärker ans Wasser gebunden als die anderen Arten, die einen Großteil des Jahres auf dem Land verbringen und ihren geeigneten Lebensraum im Garten nicht leicht finden. Die Vielfalt der Tiere in einem Gartenteich hängt also auch wesentlich vom Umland und von der Verbindung zu anderen Biotopen ab.

Bild 31: Mit so einem springlebendigen Bewohner wie dem Kleinen Teichfrosch wird die Mühe einer Gartenteichanlage reich belohnt.

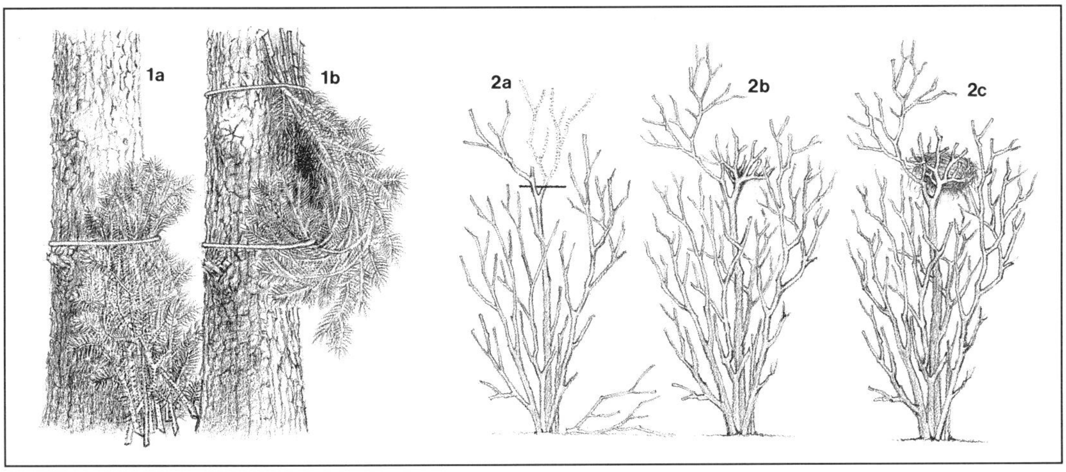

Bild 32: Hilfe für Freibrüter im Garten. Nisttasche
1a Die Zweige werden an den Stamm gebunden.
1b Die Zweige werden so nach oben gebogen, daß ein Hohlraum für das Nest entsteht, und dort ebenfalls am Stamm festgebunden.
Nistquirl
2a Ein Ast wird an einer Gabel abgeschnitten.
2b Nach und nach wächst ein Quirl.
2c In den Quirl kann ein Vogel sein Nest bauen.

Wohnungsbau für Wildtiere

Indem ihr natürliche Pflanzengesellschaften sich entwickeln laßt, bietet ihr vielen Kleintieren Nahrung und Versteck. Mäht ihr die Wiese stückweise statt auf einmal, erhaltet ihr Hunderten von Arten ihre natürliche Umgebung. Laßt ihr einen morschen Baumstamm stehen oder liegen, schafft ihr für zahlreiche Arten, vor allem für Käfer, Lebens- und Vermehrungsmöglichkeiten. Der Reichtum an Insekten wiederum schafft günstige Lebensbedingungen für Eidechsen, Igel und Vögel.

Habt ihr mehrere der bisher aufgeführten Schritte für mehr Natur im Garten getan, dann könnt ihr darangehen, bestimmte Arten oder Artengruppen gezielt zu fördern (s.u.). Bedenkt aber stets die Folgen eurer Vorhaben für die Gesamtheit einer Lebensgemeinschaft. Durch das Aufhängen eines Nistkastens für das fünfte Meisen- oder Starenpaar im Garten vereitelt ihr möglicherweise die Ansiedlung eines Grasmücken- oder Gelbspötterpaares. Auch in einem Naturgarten ist die Insektennahrung für Jungvögel nur begrenzt verfügbar. Mehr zum Thema erfahrt ihr aus dem Band „Wir tun was für unsere Singvögel“. Was ihr zum Schutz der besonders gefährdeten Fledermäuse tun könnt, lest ihr im Band „Wir tun was für Fledermäuse“. Eine ganz einfache Maßnahme besteht zum Beispiel darin, alte Bäume mit ihren natürlichen Hohlräumen stehenzulassen.

Viele Wespen- und Bienenarten brauchen röhrenförmige Hohlräume, in denen sie ihre mit Raupen oder Pollen versorgten Brutkammern für ihren Nachwuchs anlegen. Normalerweise graben sie sich ihre Gänge selber, etwa in Lößwände oder in ebenen Boden von besonderer Beschaffenheit. Oder sie benutzen die Gänge von „Holzwürmern“ in altem Holz, hohle, abge-

Bild 33: Kernmorsche Bäume können noch lange leben. Spechte suchen sie sich zum Bau ihrer Nisthöhlen aus. Und in verlassenen Spechthöhlen brüten gerne andere Vögel, oder Fledermäuse benutzen sie als Ruheplatz, Kinderstube und sogar als Winterquartier.

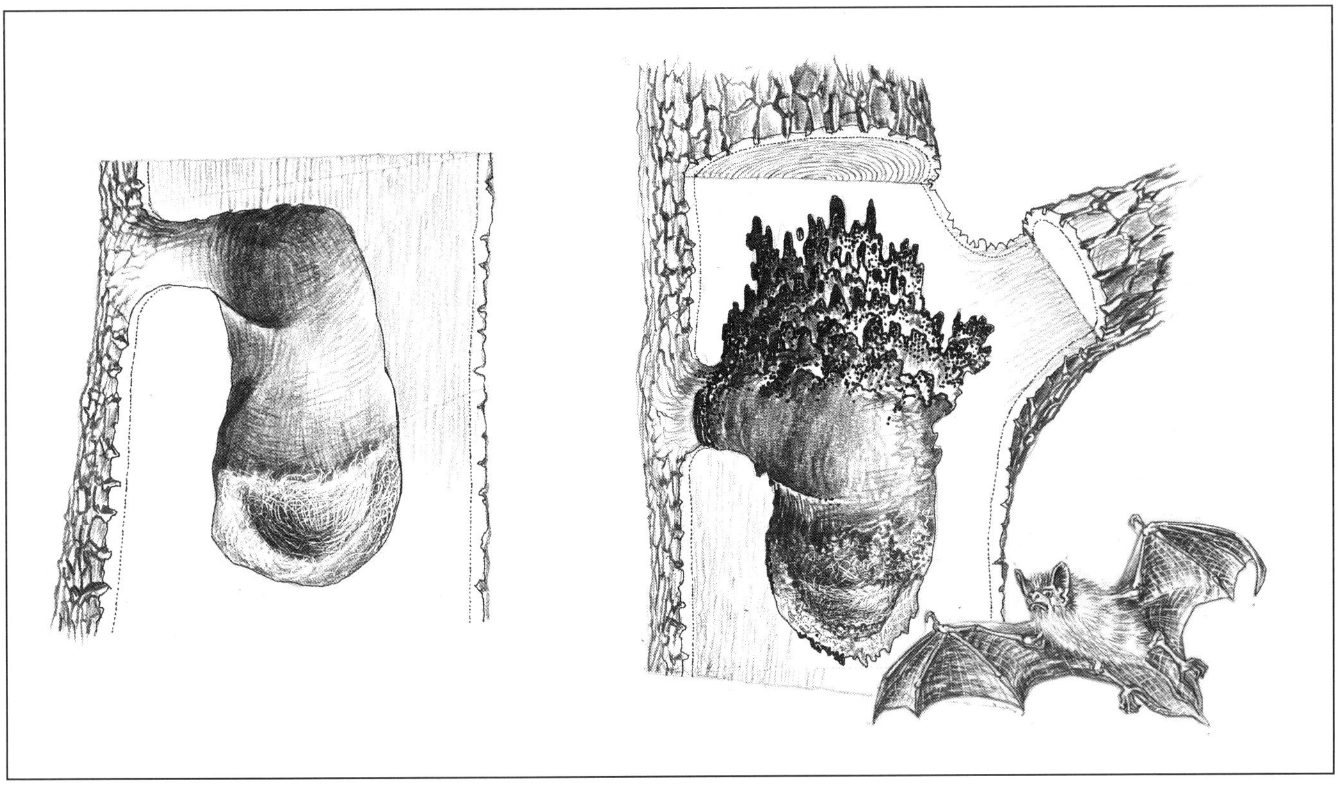

Bild 34: Viele Insekten brauchen enge Hohlräume als Brutkammern. Hohlziegel, angebohrte Hölzer oder gebündelte Schilfstengel sind gute Nisthilfen für Wildbienen.

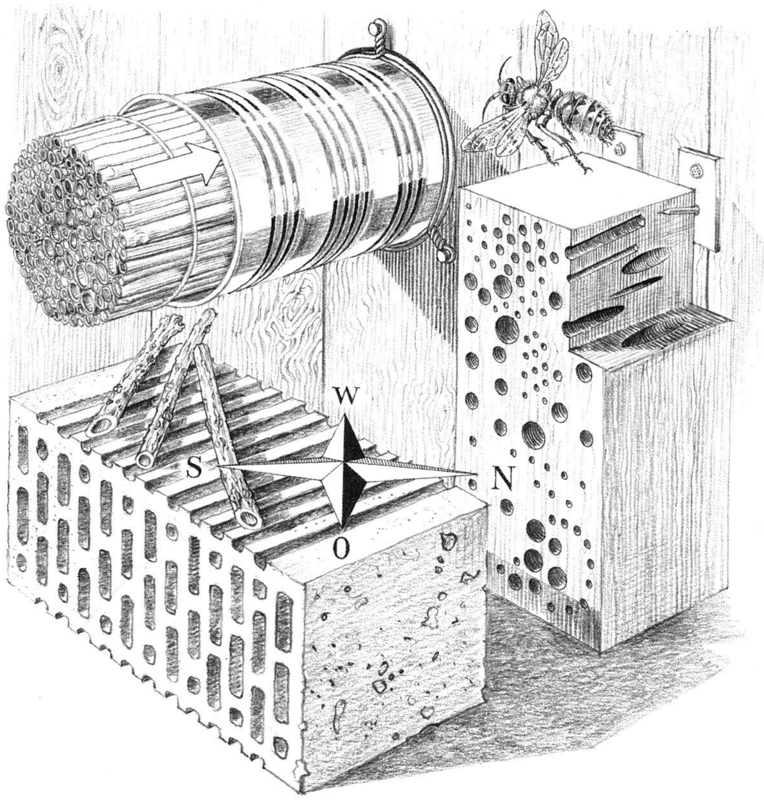

storbene Pflanzenstengel oder leere Schneckenhäuser. Da viele dieser natürlichen Angebote selten geworden sind, könnt ihr Holzklötze mit Löchern von 2–10 mm Durchmesser versehen, wobei ihr die volle Bohrerlänge nutzen solltet. Den Klotz stellt oder hängt ihr an einen sonnigen, regengeschützten Platz (zum Beispiel an die Hauswand). Mit einfachen Mitteln kann man „Freibrütern“ Nisthilfen im Garten bieten. Dazu gehören alle Singvögel, die ihr Nest zwischen Pflanzen am Boden, in Büschen oder frei auf Bäumen anlegen, z. B. Zaunkönig, Rotschwänzchen, Zilpzalp und Rotkehlchen.

Oft sieht man in Obstbäumen umgekehrte Blumentöpfe mit Holzwolle hängen; sie sollen Ohrwürmern als Tagversteck dienen. Diese Blattlausvertilger können zwar notfalls fliegen, aber sie ziehen es doch meist vor zu laufen, weshalb sie an hängende Gefäße nicht gut herankommen. Es ist daher besser, Blumentöpfe über Zaunpfähle zu stülpen oder Wellpappe um Äste und Stämme der Obstbäume zu binden.

Bild 35: Erdhummeln kann man durch Blumentöpfe ansiedeln, die man umgekehrt auf den Boden stellt oder eingräbt. Als Regenschutz legt man einen angehobenen flachen Stein (oder Dachziegel) darüber.

Zum Thema Katzen

Wenn ihr eine Katze habt, ist das noch kein Unglück für den Garten. Aber wenn die Katze Junge wirft und die Kätzchen so süß sind, daß ihr sie behaltet, dann habt ihr bald zwei oder fünf Katzen. Sie leben nicht nur von Milch und „Kittekat", und sie fangen nicht nur Mäuse.

Am Kieler Institut für Haustierkunde wies Dr. Borkenhagen nach, daß der Anteil an Vögeln in der Beute von Katzen mit dem jeweiligen Lebensraum zusammenhängt. Er liegt besonders hoch (41%) im locker bebauten städtischen Bereich, dort, wo viele Gärten sind. Als Mittelwert städtischer und ländlicher Katzen stellte Dr. Borkenhagen fest: 22% der Katzenbeute sind Vögel. Ein Drittel aller gefangenen Vögel wurde nicht einmal angefressen. Katzen jagen auch, wenn sie keinen Hunger haben. Die Hälfte der getöteten Vögel gehörte geschützten Arten an. In ländlichen Gebieten streunen die Katzen oft weit umher. Dabei fallen ihnen zahllose Jungvögel zum Opfer. Man darf annehmen, daß die Zahl der in unserem Land jährlich von Katzen umgebrachten Vögel größer ist als die der Vögel, welche jedes Jahr in Italien im Kochtopf enden.

Katzen erbeuten leider auch Maulwürfe, Spitzmäuse, Blindschleichen, Eidechsen und plagen Frösche. Unter Naturbedingungen sind Beutetiere in der Lage, die Verluste, die ihnen ihre Freßfeinde zufügen, durch Vermehrungsüberschüsse oder Zuzug aus anderen Lebensräumen mit geringerem Feinddruck auszugleichen. Die Bestandsdichte von Katzen im Siedlungsland ist meist unnatürlich hoch, man könnte auch sagen: unerträglich hoch für die Kleintierwelt.

Was tun? Der Tierarzt kann Katzen und Kater durch verhältnismäßig kleine Eingriffe unfruchtbar machen (sterilisieren). Will man ohne diese Maßnahme die Katzenvermehrung eindämmen, darf man entweder keine Katze halten oder man muß jeweils den ganzen Wurf Jungkatzen töten. Wie immer man das anstellt, es bleibt ein sich oft wiederholendes Problem – für die, welche es lösen müssen, und für die Tiere, die es erleiden.

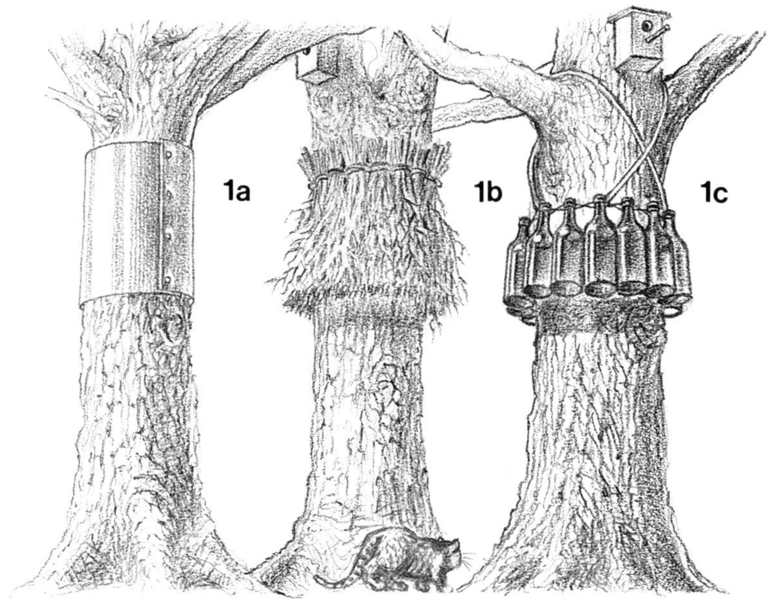

Bild 37: Verschiedene Möglichkeiten, Nistkästen an Bäumen vor Katzen und Mardern zu schützen:
1a Blechmanschette
1b Gürtel aus Reisig
1c Gürtel aus aufgehängten Flaschen

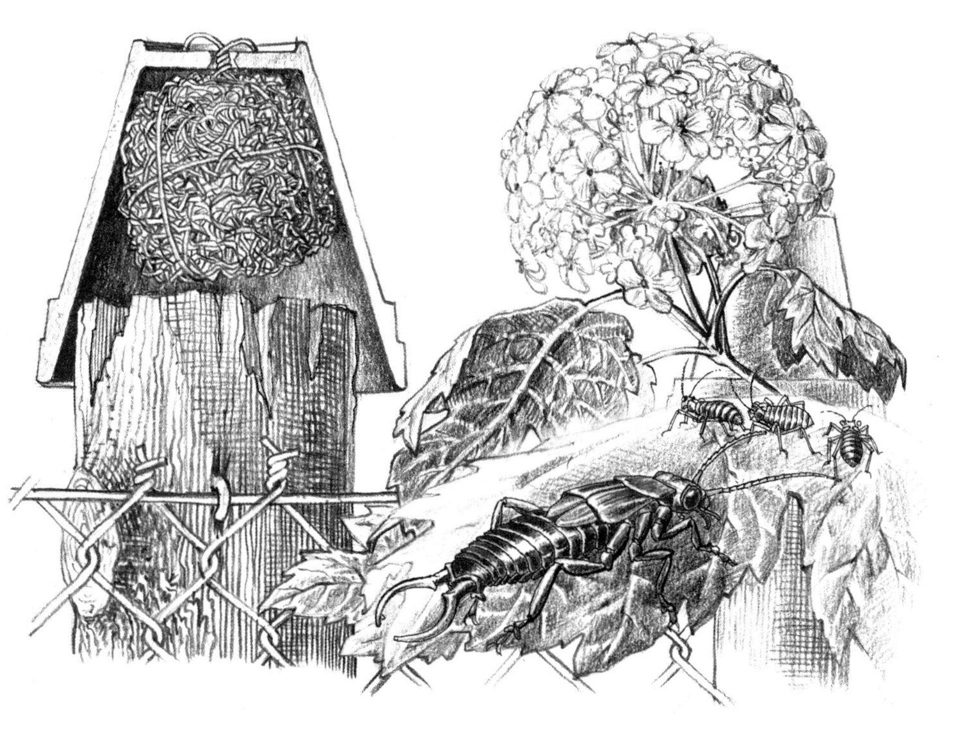

Bild 36:
Ein umgestülpter Blumentopf auf einem Pfosten des Gartenzauns wird gerne von Ohrwürmern als Unterschlupf angenommen, besonders wenn man noch etwas Stroh oder trockenes Moos hineintut. Ohrwürmer fressen aber nicht nur Blattläuse, sondern auch Blütenknospen und junges Gemüse.

Lieber Freund der Natur!

Wir laden dich ein, bei der Aktion Ameise mitzuwirken. Du gehörst unserer Gemeinschaft an, wenn du unseren 10 Grundsätzen ausdrücklich zustimmst und bereit bist, dich tätig für sie einzusetzen. Nicht nur einmal, sondern bei vielen Gelegenheiten. Uns verbindet der Wille, Leben zu schützen. Es kommt darauf an, daß die Mitwirkenden das gemeinsame Bewußtsein entwickeln:

„Wir können etwas zum Guten bewegen. Wir bestärken und helfen uns gegenseitig. Wir setzen uns Ziele. Wir sind nicht allein. Wir wollen verhindern, daß Natur zerstört wird, wo es vermeidbar wäre.“ Leben schützen kannst du zu jeder Zeit und an jedem Ort. Wenn du darüber nachdenkst, wirst du merken, wieviele Gelegenheiten ein Tag bietet, der Natur zu helfen. Wenn du willst, kannst du eine Gruppe bilden oder in einer Jugendgruppe der Umweltverbände mitwirken. Schicke uns den unteren Abschnitt (oder eine Kopie davon), wenn du dabeisein willst. Wir erheben keine Beiträge, du kannst selbst entscheiden, wie du aktiv sein willst. Aber wir können dir Fragen beantworten und mit dir in Verbindung bleiben, wenn du das willst und mit Gleichgesinnten eine Arbeitsgruppe der Aktion Ameise gründest. Je genauer du deine Ideen nennst, desto besser können wir helfen. Bitte lege Rückporto bei, wenn du eine Antwort möchtest. Danke! Anregungen zu sinnvollem und nachhaltigem Handeln geben auch die Bücher der Aktion Ameise. Das „Werkbuch Naturschutz“ und das „Werkbuch Biotopschutz“ bieten außerdem umfangreiche Anleitungen zur Naturschutzarbeit für einzelne Arten und im Gelände. Alle Bände sind im Franckh-Kosmos Verlag erschienen.

Mithilfe für die Natur ist wichtig!

Die Grundsätze der Aktion Ameise

1. Wir schützen Leben, wo immer uns das möglich ist.
2. Wir sprechen allen Lebewesen das Recht auf Dasein und artgemäße Entfaltung zu.
3. Wir bemühen uns, Natur zu beobachten, ohne störend einzugreifen.
4. Wir helfen, Lebensräume naturnah zu bewahren, neue zu schaffen und zu gestalten.
5. Wir achten die Gesinnung, die Arbeit und den Besitz aller Mitmenschen.
6. Wir achten die Gesetze und verabscheuen jede Gewaltanwendung gegen Menschen, deren Einrichtungen und Sachen.
7. Wir lassen uns von Sachkundigen beraten.
8. Wir wollen niemandem unsere Meinung aufdrängen.
9. Wir helfen uns gegenseitig.
10. Wir wollen durch Toleranz, Geduld, Kenntnis und gute Beispiele wirken.

Dieses Blatt ist nur für Leser gedacht, die noch nicht Mitwirkende der Aktion Ameise sind!

Ich möchte mitwirken und erkläre mich einverstanden mit den zehn Grundsätzen der Aktion Ameise, wie sie auf dieser Seite stehen.

○ Ich möchte in einer Jugendgruppe aktiv werden. Gibt es eine in meiner Nähe?

○ Schickt mir bitte Anregungen, wie ich selbst eine Gruppe der Aktion Ameise gründen kann.

○ Ich möchte das „Jugendaktionsheft Umwelt“ haben, die Sammlung von Terminen, Adressen, Berichten und Ideen für alle, die aktiv sind oder es werden wollen. 2,– DM in Briefmarken habe ich beigelegt.

An die
AKTION AMEISE
Königstrÿßle 74
7000 Stuttgart 70

Wünsche, Anregungen, eure Ideen:

____

____

____

____

Mein Name: ____________________

Mein Alter: ____________________

Meine Adresse: ____________________

____

Datum und Unterschrift: ____________________